MARIA WATKINS

AÚN
hay
ESPERANZA

LA ESPERANZA NO SE HA PERDIDO - SOLO ESTÁ ESPERANDO QUE VUELVAS A CREER

Dedicatoria

Con mucho amor, dedico este libro a mis preciosos hijos, Bentley y Carson. Esto es para ustedes. Son el tesoro más valioso de mi corazón, y cada día veo la mano de Dios obrando en sus vidas. Son mi recordatorio diario de Su fidelidad, y mi inspiración constante para mantener la mirada en Jesús. Ver cómo se están convirtiendo en los hombres increíbles que Dios los está formando para ser, me llena de esperanza y gratitud que no puedo poner en palabras. A medida que crecen y adquieren sabiduría, sé que enfrentan un mundo que a veces puede parecer incierto y abrumador. Pero mi oración es que siempre recuerden lo profundamente amados que son, y que fueron diseñados con un propósito único, mucho más grande de lo que puedan imaginar.

Aún Hay Esperanza es mi legado para ustedes, nacido del amor, la fe y el deseo profundo de verlos vivir con valentía en las promesas de Dios. Que siempre les recuerde que su esperanza debe estar anclada en Él, que pueden confiar en sus planes incluso cuando el camino no sea claro, y que caminen con seguridad hacia el futuro que Él ya preparó. Ustedes son mi mayor alegría, mi orgullo sin medida y la razón por la que me levanto cada día con fe en el corazón. Gracias por orar por mí; Dios escuchó sus oraciones. Los amo con todo mi ser.

"*Y el Dios de esperanza os llene de todo gozo y paz en el creer, para que abundéis en esperanza por el poder del Espíritu Santo.*" **Romanos 15:13 (RVR1960)**

Índice

Introducción

¿Alguna vez has sentido que te estás sosteniendo de la esperanza con las uñas, como si se te fuera de las manos poco a poco? Tal vez llevas tiempo orando, creyendo, incluso suplicando por un cambio... y lo único que recibes es silencio. Si es así, déjame empezar diciéndote esto: te entiendo. Y no estás solo. Este libro fue escrito pensando en ti.

La vida tiene esa forma tan suya de lanzarnos golpes inesperados que nos hacen cuestionarlo todo: nuestro propósito, nuestras fuerzas, y a veces hasta las promesas de Dios. La esperanza aplazada puede sentirse como una carga que simplemente no estás hecho para llevar. Pero quiero que sepas algo poderoso: esta temporada de espera no es el final de tu historia. El simple hecho de que estés aquí, con este libro en tus manos, me dice que, en el fondo, todavía crees en algo más grande. Y déjame decirte: estás en lo cierto.

Este libro no es solo una recopilación de historias y enseñanzas. Es un viaje para redescubrir la esperanza que creías perdida. Es sobre encontrar luz en medio de la oscuridad, claridad en medio del caos, y fuerza en medio de la lucha. Es un recordatorio de que el tiempo de Dios nunca falla, aunque a veces la vida parezca estar totalmente fuera de horario.

Seamos honestos por un momento: esperar puede sentirse como estar en la fila más larga del mundo sin tener ni idea de qué hay al final. Pero, ¿y si la espera no es un castigo? ¿Y si es una preparación? ¿Y si Dios está usando justo este momento para formarte para algo que todavía no puedes ni imaginar?

En estas páginas voy a compartirte historias de dolor y victoria, de dudas y fe, y de todo lo que hay en medio. Caminaremos juntos por verdades bíblicas que desafiarán tu forma de ver las cosas y despertarán tu fe. También te contaré partes de mi propio camino: desordenado, sincero y muy real. He vivido temporadas donde la esperanza parecía una broma cruel, donde el peso de la espera se volvía insoportable. Pero Dios... oh, cómo se manifestó en formas que jamás habría podido planear por mí misma.

Y esto no se trata solo de mí. Se trata de ti. Este libro es para el hombre o la mujer que ha estado luchando en silencio, aferrándose cuando todo dentro de ti grita que ya es hora de soltar. Es para quien se siente invisible, olvidado o simplemente agotado. Es para cualquiera que necesite recordar que Dios sigue mirando, sigue escuchando y sigue profundamente interesado en cada rincón de tu vida.

¿Qué vas a encontrar en este libro? Historias de esperanza restaurada, decisiones tomadas con fe, promesas cumplidas y batallas ganadas. Es una guía para redescubrir el propósito de Dios para tu vida y abrazar la esperanza abundante que solo Él puede ofrecer. No solo te contaré lo que Dios ha hecho; te invitaré a mirar lo que Él está listo para hacer en tu propia vida.

No voy a fingir que este libro resolverá todos tus problemas. Pero sí puedo prometerte algo: si te entregas de corazón a estas páginas, encontrarás aliento, guía... y quizá hasta una risa o dos en el camino. Y lo más importante: encontrarás a un Dios que siempre es fiel para terminar lo que empieza.

No tienes que vivir derrotado. No tienes que cargar con todo tú solo. Y no tienes por qué quedarte estancado. Tu historia no ha terminado, esto apenas comienza. Así que respira profundo, pasa la página y redescubramos juntos la esperanza... porque con Dios, lo mejor siempre está por venir.

Capítulo Uno

ESPERANZA RESTAURADA – REDESCUBRIENDO LA LUZ

¿Cuántas veces has sentido que la luz dentro de ti simplemente se apagó? Tal vez estás tratando de mantenerte firme en medio de una temporada en la que cada mañana se siente igual. La carga de la desesperanza permanece, y cada paso hacia adelante se siente como caminar entre lodo espeso. Aquí va una verdad difícil: a veces, incluso quienes tenemos una fe fuerte sentimos que apenas nos sostenemos por un hilo. Pero también hay una verdad hermosa: **la esperanza en Cristo no es solo una emoción. ¡Es una realidad firme e inquebrantable!**

Cuando las circunstancias de la vida proyectan sombras largas sobre nuestro corazón, es fácil pensar que la esperanza desapareció por completo. Tendemos a enfocarnos en nuestros fracasos del pasado, las luchas del presente o ese futuro incierto que nos abruma... y todo puede volverse una carga demasiado pesada. Pero quiero recordarte algo: incluso en los momentos más oscuros, hay una luz que nunca se apaga. Cristo mismo nos prometió que Él es nuestra luz, incluso cuando todo a nuestro alrededor parece estar en tinieblas.

El Ejemplo Bíblico de Job

Nadie conoció la oscuridad como Job. Perdió absolutamente todo: sus riquezas, su familia y hasta su salud. Su vida pasó de la abundancia a las cenizas en lo que debió parecer un instante. Job pudo haberse quedado atrapado en la desesperación, consumido por lo injusto de

3

su situación. Pero lo que hace tan especial su historia es que no dejó que la oscuridad lo definiera.

En **Job 19:25 (NVI)**, a pesar de todo su dolor, él declaró: *""Yo sé que mi redentor vive, y que al final triunfará sobre la muerte."* Job eligió aferrarse a la esperanza, aun cuando todo a su alrededor gritaba lo contrario. Su perseverancia no fue en vano: Dios no solo restauró lo que había perdido, sino que lo bendijo con aún más de lo que tenía antes. La historia de Job nos enseña que incluso cuando sentimos que todo ha llegado a su fin, Dios apenas está comenzando.

Mi Camino para Redescubrir la Luz

Quiero contarte sobre una etapa de mi vida que fue incierta, abrumadora y, siendo honesta, aterradora. Después de mi divorcio, me vi en una situación que jamás imaginé: necesitaba conseguir un trabajo, después de haber estado fuera del mundo laboral por más de ocho años. Durante casi una década, mi vida giró en torno a mi familia. Pero ahora me tocaba asumir el reto de mantener a mis hijos y, al mismo tiempo, seguir siendo esa mamá presente y dedicada que ellos merecían. La responsabilidad era enorme, y el camino por delante se veía de todo menos claro.

No se trataba solo de conseguir un ingreso. Necesitaba algo que me permitiera llevar y buscar a mis hijos del colegio, acompañarlos a sus actividades y, a la vez, cubrir nuestras necesidades económicas. Para complicarlo más, no tenía ni idea de por dónde empezar. ¿Cómo se da un paso hacia lo desconocido cuando ni siquiera puedes ver el camino?

En medio de todo, mi esperanza estaba en el Señor. Todos los días le oraba, entregándole mis dudas, mis miedos y mi necesidad urgente de dirección. No sabía cómo lucía su plan, pero decidí confiar en que Él tenía uno. Me apoyé en **Proverbios 3:5-6**, confiando en su entendimiento y no en el mío. No fue fácil ver lo que Dios estaba haciendo, pero me aferré a esta verdad:

No sabía cómo lucía su plan, pero decidí confiar en que Él tenía uno.

solo debía creer... y dejar que Él se encargara del resto.

Un día, mientras estaba en casa con un grupo de estudio bíblico, una amiga entró y, sin pensarlo dos veces, me preguntó: "¿Necesitas un trabajo?"

Me quedé en shock. Solo la miré por unos segundos antes de soltar: "¡Sí! ¿Cómo lo supiste?" Ella sonrió con complicidad y me dijo: "Envíame tu currículum y me encargo de ponerlo en las manos correctas."

¿El problema? No tenía currículum. Ni siquiera un borrador. Pero esa misma tarde me senté, armé algo y se lo envié. Para mi sorpresa, las piezas empezaron a encajar casi de inmediato. Conseguí un trabajo que se adaptaba perfecto a mi horario, lo que me permitía estar presente para mis hijos y, al mismo tiempo, mantenernos. Y por si fuera poco, el trabajo también me permitió comprar un vehículo, una oración respondida que ni siquiera imaginaba ver cumplida tan pronto.

Dios obró de formas que ni en mis mejores planes hubiera podido organizar. Abrió un camino donde parecía no haber ninguno. Y al mirar atrás, puedo ver su mano en cada detalle: en el momento, en la oportunidad, en la provisión... todo fue Él. Lo que parecía imposible se volvió posible porque elegí confiar, incluso sin saber cómo iba a resolverse todo.

Esta experiencia me enseñó que la esperanza no es solo un sentimiento; es una decisión. Es elegir creer en la fidelidad de Dios, aunque las circunstancias digan lo contrario. Es apoyarnos en su sabiduría y confiar en que su plan es mucho mejor de lo que podríamos imaginar. A través de cada oración, de cada paso de fe, incluso en los momentos de incertidumbre, descubrí que la luz de Dios brilla más fuerte en medio de la oscuridad. Solo tenemos que creer.

Principios Bíblicos para Redescubrir la Luz

1. **Busca a Dios en cada temporada:** Como Job, necesitamos mantener nuestra mirada en Dios, incluso cuando la vida parece insostenible. **El Salmo 34:17 (NVI)** nos recuerda: *"Los justos claman, y el Señor los oye; los libra de todas sus angustias."* Dios siempre está cerca, listo para guiarnos hacia la esperanza.

2. **Da el paso con fe:** A veces, lo más difícil es simplemente dar el primer paso. Ya sea actualizar un viejo currículum o entrar en una situación desconocida, la fe también requiere acción. **Santiago 2:26 (RVR1960)** dice: *"La fe sin obras está muerta."* Dios se mueve cuando nosotros nos movemos.

3. **Confía en que los planes de Dios son perfectos:** Puede que no veas cómo encajará todo, pero Dios sí lo ve. **Proverbios 3:5-6 (NVI)** nos enseña: *"Confía en el Señor de todo corazón, y no en tu propia inteligencia."* Su camino siempre es mejor.

4. **Aférrate a la luz de Su Palabra:** Cuando todo parece oscuro, la Palabra de Dios es nuestra linterna. **El Salmo 119:105 (RVR1960)** dice: *"Lámpara es a mis pies tu palabra, y lumbrera a mi camino."* Sumérgete en Sus promesas—ellas te mostrarán cuál es el siguiente paso.

Risas y Luz

La vida tiene esa forma extraña de lanzarnos situaciones que o nos tumban... o nos hacen reír del absurdo. A veces, el mejor remedio para un corazón cargado es un poco de humor. Como aquella vez en que traté de armar un currículum después de ocho años sin trabajar, mientras evitaba que mis hijos "decoraran" la sala con plastilina. No fue bonito, pero fue real y ahora que lo pienso, fue divertidísimo.

La verdad es esta: Dios no está allá arriba, frunciendo el ceño ante tus tropiezos. Él está contigo, sonriendo mientras avanzas con torpeza pero con ganas, animándote en cada pequeña victoria. **Proverbios 17:22 (NVI)** dice: *"El corazón alegre se refleja en el rostro, pero el corazón dolido deprime el espíritu."* Y es verdad. La risa no lo resuelve todo, pero alivia la carga lo suficiente como para que sigas caminando.

Así que sí, permítete reír. Encuentra el humor en medio del proceso. Porque a veces, la risa es justo la luz que necesitamos para reencontrarnos con la esperanza. Dios no te ha traído hasta aquí para que camines sin gozo. De hecho, según **Nehemías 8:10**, "la alegría del Señor es tu fuerza".

Si la historia de Job—y la mía—nos enseñan algo, es esto: Dios es fiel. Él es la luz que nos guía en cada valle, el proveedor que suple toda necesidad, y el restaurador de todo lo que sentimos perdido. No importa dónde estés hoy, recuerda esto: la luz no se ha ido... solo está esperando a que levantes la mirada y la vuelvas a encontrar.

Da ese paso de fe. Confía en que Dios está obrando detrás de escena. Y si todo falla, acuérdate: si Él creó el universo en seis días, puede con lo que sea que tú estés enfrentando hoy. La luz está en camino—es hora de caminar hacia ella.

Oración para Redescubrir la Luz

Señor, gracias por ser nuestra luz en medio de la oscuridad, nuestra esperanza en tiempos difíciles y nuestra guía cuando todo parece incierto. Ayúdanos a confiar en Ti, incluso cuando no entendamos el camino. Enséñanos a dar pasos de fe, sabiendo que siempre estás obrando para nuestro bien. Gracias por tus promesas y por el gozo que llega cuando nos apoyamos en Ti. Amén.

Capítulo Dos

DE LA IMPOTENCIA A LA FORTALEZA — ABRAZANDO EL PODER DE DIOS

¿Alguna vez te has sentido atrapado por tus propias circunstancias, como si todo a tu alrededor se desmoronara y no hubiera nada que pudieras hacer? Tal vez sentiste que la vida que conocías se deshacía pedazo a pedazo, dejándote con la incertidumbre de hacia dónde ir. La impotencia puede ser uno de los sentimientos más dolorosos, arrastrándonos a lugares de soledad, duda y miedo. Pero aquí va una verdad poderosa: los momentos en los que se nos escapa el control son muchas veces en los que la fuerza de Dios se manifiesta con mayor claridad.

La Biblia está llena de recordatorios sobre la fortaleza de Dios, justo cuando más débiles nos sentimos. Mira lo que dice Pablo en **2 Corintios 12:9 (NVI),** cuando el Señor le respondió: *"Te basta con mi gracia, pues mi poder se perfecciona en la debilidad."* La fuerza de Dios no solo compensa nuestra debilidad—brilla con más fuerza en medio de ella, transformando nuestras grietas en testimonios de su bondad. Y ese mismo poder está disponible para ti, justo donde estás.

El camino de Gedeón: de la impotencia a la fortaleza

Me viene a la mente la historia de Gedeón, un hombre que también se sintió pequeño e insignificante. Los israelitas estaban siendo oprimidos por los madianitas, quienes destruían sus cosechas y los dejaban luchando por sobrevivir. Gedeón, sintiéndose débil y sin valor, se escondía en un lagar, trillando trigo a escondidas del enemigo. En

9

su interior, seguramente pensaba que no había nada que él pudiera hacer para cambiar la situación. Y fue justo en ese lugar de miedo y anonimato donde Dios lo encontró.

Cuando el ángel del Señor se le apareció, lo saludó con estas palabras: *"El Señor está contigo, guerrero valiente"* **Jueces 6:12 (NVI)**. ¿Te imaginas cómo se debió sentir Gedeón al escuchar eso? Estaba escondido, sintiéndose incapaz y asustado, y Dios lo llamó "guerrero valiente". Dios no se enfocó en sus miedos, sino en su potencial—en la fuerza que podía brotar cuando Él lo fortaleciera.

Gedeón, como muchos de nosotros, luchó para creer que podía vencer. Hizo preguntas, dudó, y necesitó confirmaciones. Pero Dios, con paciencia infinita, lo encontró justo en medio de su duda. A través de varias señales, le recordó que estaba con él, y que su poder sería más que suficiente para la tarea que parecía imposible.

Y así, con solo 300 hombres, Gedeón lideró a Israel hacia una victoria milagrosa sobre los madianitas. Dios le mostró que Su poder siempre supera cualquier obstáculo. No fue la fuerza de Gedeón la que ganó la batalla, sino la fuerza de Dios obrando a través de él.

Mi Camino: de la impotencia a la fortaleza

Recuerdo una etapa de mi vida en la que la impotencia era como una sombra constante. Estaba atravesando un divorcio doloroso, algo que jamás había imaginado. Cada día era una lucha—no solo lidiaba con el dolor emocional de una separación, sino también con las preocupaciones económicas de cómo sostenerme a mí y a mis hijos. El peso de la desesperanza era real, y me hacía sentir que no había salida. Me sentía atrapada, como si las paredes de mis circunstancias se cerraran sobre mí, bloqueando todo camino.

Una noche, me quebré frente a Dios. Le abrí mi corazón por completo y dejé salir todos esos miedos y lágrimas que había guardado. Y en ese momento, una verdad sencilla pero poderosa me envolvió: no tenía que ser fuerte por mí misma. Dios me estaba ofreciendo Su fuerza, Su consuelo y Su guía como nunca antes. Poco a poco, día tras día, comencé a apoyarme más y más en Él, dando pequeños pasos con la seguridad de que no caminaba sola. Al soltar mi necesidad de controlar todo y entregarle mis temores, descubrí una fortaleza que no venía de mí, era Su fuerza fluyendo a través de mí.

Aprendí que a veces Dios permite que lleguemos al límite de nuestras propias fuerzas para que podamos experimentar las suyas. Me mostró que, incluso en las temporadas más duras, Su gracia es más que suficiente. Si Él pudo sostenerme en ese valle, entonces sé que puede sostenerme en cualquier otro.

> *Dios permite que lleguemos al límite de nuestras propias fuerzas para que podamos experimentar las suyas.*

Mis circunstancias no cambiaron de la noche a la mañana, pero sentí cómo Dios comenzaba a levantar el peso que cargaba en el corazón. Poco a poco, el miedo fue reemplazado por fe, y la desesperanza por valentía. Fue un camino de rendición—de aprender que la fuerza de Dios puede llevarnos por valles que jamás podríamos cruzar solos. Como una pequeña chispa, la esperanza empezó a reavivarse dentro de mí, y supe con certeza que no estaba sola en ese camino.

Encontrando fuerza en nuestra debilidad

Tanto mi historia como la de Gedeón nos muestran una verdad maravillosa: cuando llegamos al final de nuestras fuerzas, es cuando la fuerza de Dios se vuelve más que suficiente. Podemos sentir que no tenemos nada para dar, que la batalla es demasiado grande o que la situación nos supera, pero Dios ve algo que nosotros no vemos. Él ve el potencial que hay dentro de ti, esperando ser activado por Su poder.

Así que, cuando te sientas impotente, recuerda esto: no estás solo, y no tienes que ser fuerte por tu cuenta. Como Gedeón, tú también eres un "guerrero valiente", aunque no te sientas así. La fuerza de Dios se perfecciona en la debilidad **2 Corintios 12:9**, y Él tiene todo el poder para llevarte por cualquier valle. Confía en Sus promesas, apóyate en Su poder y deja que transforme tu impotencia en una fortaleza inquebrantable.

Cómo Superar la Sensación de Impotencia Usando Principios Bíblicos

1. **Reconoce tu verdadera fuente de fortaleza:** En los momentos de impotencia, es fácil caer en la tentación de depender solo de nuestras fuerzas. Pero recuerda lo que dice **Filipenses 4:13 (RVR1960):** *"Todo lo puedo en Cristo que me fortalece."* Que esta sea tu ancla: no es tu fuerza, sino la de Dios, la que te permitirá superar cualquier situación.

2. **Entrega tus miedos en oración:** Uno de los primeros pasos para liberarte de la impotencia es aprender a rendirle a Dios cada miedo, cada duda y cada carga. **1 Pedro 5:7 (NVI)** nos dice: *"Depositen en él toda ansiedad, porque él cuida de ustedes."* Derrama tu corazón delante de Él, confiando en que se interesa profundamente por ti y por todo lo que te preocupa.

3. **Aférrate a las promesas de Dios:** Cuando te sientas débil, sumérgete en la Palabra. Pasajes como **Isaías 40:29-31 (NVI)** nos recuerdan que: *"Él fortalece al cansado y acrecienta las fuerzas del débil."* Llena tu corazón con estas promesas y permite que te reafirmen en el poder y la fidelidad de Dios.

4. **Da pequeños pasos guiados por la fe:** A veces, salir de la impotencia comienza con un solo paso de fe. Pídele a Dios dirección sobre en qué enfocarte y qué hacer después. Confía en Él con cada paso, sabiendo que te encontrará ahí con fortaleza y valentía.

5. **Rodéate de una comunidad que te anime:** No tienes que caminar este proceso en soledad. Busca personas que te levanten, oren contigo y te recuerden la fuerza de Dios en tu vida. Como dice **Proverbios 27:17 (NVI):** *"El hierro se afila con el hierro, y el hombre en el trato con el hombre."*

A medida que sigas avanzando en tu propio camino, recuerda esto: la fuerza de Dios está disponible para ti en cada momento de debilidad. Cuando te sientas sin fuerzas, ten presente que Él es tu refugio, tu escudo y tu fuente inagotable de valor. En Él encontrarás la fuerza no solo para resistir, sino para vencer, levantarte y abrazar el futuro con una esperanza renovada.

Oración para Recibir la Fuerza de Dios

Padre, vengo a Ti sintiéndome débil y cargado por las luchas que estoy enfrentando. No sé cómo avanzar por mi cuenta, pero sé que no tengo que hacerlo solo. Tú eres mi fortaleza, mi refugio y mi ayuda. Recuérdame cada día que Tu poder es mayor que mis circunstancias. Ayúdame a rendir mis temores, a confiar en Tus promesas y a dar cada paso con fe. Gracias por sostenerme cuando yo no puedo más. En el nombre de Jesús, Amén.

Capítulo Tres

MOTIVACIÓN PARA CADA DÍA – VIVIENDO CON PROPÓSITO

Cuando la vida se siente pesada, cuando la soledad se asoma y cuando nuestro valor parece desvanecerse, encontrar motivación para seguir adelante puede parecer imposible. Nos preguntamos por qué seguimos intentándolo, por qué hacemos el esfuerzo, por qué seguimos empujando cuando los días se sienten vacíos. Pero déjame decirte esto: la motivación para vivir cada día con intención y propósito nace de una verdad profunda—Dios tiene un destino único para cada uno de nosotros, un llamado que va más allá de nosotros mismos y alcanza la vida de muchos otros.

Encontrar esa motivación muchas veces comienza por descubrir nuestra identidad en Cristo. No estamos aquí por casualidad; nuestras vidas forman parte de un gran tapiz divino. Cuando entendemos que nuestro destino no solo nos afecta a nosotros, sino también a todos aquellos a quienes estamos llamados a tocar, cada

Encontrar esa motivación muchas veces comienza por descubrir nuestra identidad en Cristo.

acción cobra un nuevo sentido. Cada paso que damos, por pequeño que parezca, es un avance hacia el cumplimiento de un propósito mucho mayor que nuestra propia historia.

Comprendiendo el Propósito a Través de las Pruebas: La Historia de Moisés

La vida de Moisés es un ejemplo profundo de cómo Dios usa nuestras pruebas para revelar nuestro propósito. Nació en una época de gran opresión, escapó por poco de la muerte siendo apenas un bebé, y terminó siendo criado en el palacio del faraón—un comienzo poco probable para quien liberaría al pueblo de Israel.

Pero el camino de Moisés no fue sencillo. Después de matar a un egipcio intentando defender a un hebreo, huyó al desierto, donde pasó cuarenta años cuidando ovejas. ¿Te imaginas cómo debió sentirse? Pasó de la realeza al anonimato, probablemente luchando con sentimientos de fracaso y preguntándose si aún tenía algún propósito. Sin embargo, Dios ya estaba obrando, incluso en el silencio del desierto. Esos años de aparente olvido fueron en realidad el entrenamiento que lo preparaba para su llamado.

Cuando Dios finalmente lo llama a través de la zarza ardiente en **Éxodo 3**, Moisés no se sintió listo. Dudó de su capacidad, de su preparación, incluso del plan de Dios. Pero la respuesta del Señor fue clara: *"Yo estaré contigo"* **Éxodo 3:12 (NVI)**. El propósito de Moisés no dependía de su fuerza ni de su currículum; dependía de la presencia y el poder de Dios en su vida.

Moisés lideró al pueblo de Israel fuera de Egipto, abrió el Mar Rojo y recibió los Diez Mandamientos. Pero nada de eso habría ocurrido si no hubiera confiado lo suficiente como para dar ese primer paso. Su historia nos recuerda que muchas veces nuestro propósito nace justo de las pruebas que creemos que nos descalifican. Los años que Moisés pasó en el desierto no fueron en vano—fueron el terreno de preparación para su destino.

Y así como Moisés, tus pruebas también están moldeándote. Los desafíos que has enfrentado, las luchas que has superado, y las lecciones que has aprendido forman parte de la preparación para el propósito que Dios diseñó para ti. La clave está en confiar en Él y dar el siguiente paso, incluso si no te sientes listo. Como nos enseña la vida de Moisés, no se trata de lo que tú puedes hacer—sino de lo que Dios puede hacer a través de ti.

Mi Camino para Encontrar Propósito en Dios

Hubo una etapa de mi vida en la que la soledad y la sensación de no tener valor me rodeaban por todos lados. Sentía que simplemente estaba existiendo, avanzando en piloto automático, sin propósito ni significado. En esos momentos de desesperanza, me volví a la Palabra de Dios, con el corazón sediento de respuestas y dirección. Y lo que encontré allí... lo cambió todo.

Mientras leía, Dios empezó a hablarme a través de Su Palabra, revelando verdades que cortaban de raíz las mentiras que yo había creído. Un día, sentí que me susurraba al corazón: *"No estás sola, solo te sientes sola."* Esa verdad me atravesó. Me recordó Su promesa en **Deuteronomio 31:8 (NVI)**: *"El Señor mismo marchará al frente de ti y estará contigo; nunca te dejará ni te abandonará."* Comprendí que mis emociones no definían mi realidad, Su presencia sí lo hacía.

A través de la Escritura, Dios me recordó quién soy en Él. **Isaías 43:6b-7 (NVI)** se convirtió en un faro de esperanza: *"Traigan de lejos a mis hijos, y a mis hijas desde los confines de la tierra. A todo el que es llamado por mi nombre, a quien yo creé para mi gloria, a quien yo formé y hice."* Ese versículo tocó lo más profundo de mi alma: fui creada para Su gloria. Mi valor no dependía de mis circunstancias ni de mis fracasos, sino de una verdad firme: fui formada con amor para cumplir un propósito eterno.

Cuando esta verdad echó raíces en mi corazón, comencé a entender que mi vida no era solo sobre mí. Mi destino estaba ligado a algo mucho más grande, personas que necesitaban ser alentadas, corazones que anhelaban restauración, vidas que podían ser transformadas por la esperanza que yo había encontrado en Él. Mis pruebas no fueron inútiles; fueron parte de la preparación para el llamado que Dios puso en mí.

Esa comprensión trajo un cambio profundo en mi motivación. Ya no veía mis metas como simples tareas, sino como oportunidades para alinearme con el propósito de Dios. Entendí que mi disposición a caminar en ese llamado no se trataba solo de mi realización personal, se trataba de llevar a cabo Su plan en la vida de otros. Saber que Dios tenía un propósito para mí reavivó una pasión que me impulsó a seguir adelante con fe y determinación.

Si hoy te sientes solo o estás cuestionando tu valor, déjame animarte: no estás solo. Dios está contigo y nunca te ha dejado. Fuiste creado para Su gloria, con un propósito único que solo tú puedes cumplir. Las pruebas que hoy enfrentas podrían estar preparándote para tocar vidas que ni imaginas. Confía en Sus promesas, sumérgete en Su Palabra y da ese próximo paso con fe. Fuiste hecho para esto, y Él estará contigo en cada paso del camino.

Viviendo Cada Día con Intención

Tanto la historia de Moisés como mi propio camino me han enseñado una verdad poderosa: nuestras vidas no son solo para nosotros. Moisés fue llamado a liberar al pueblo de Israel de la esclavitud, pero su propósito no tenía que ver con su comodidad o éxito personal—se trataba de liberar a toda una nación. De la misma manera, hay personas esperando que tú también camines en el destino que Dios ha preparado para ti. Personas que necesitan el aliento, la esperanza y el amor que Dios quiere entregarles... a través de ti.

Cuando alineamos nuestras acciones con los propósitos que Dios ha puesto en nuestras vidas, comenzamos a vivir con una motivación que va mucho más allá del logro personal. Así como la obediencia de Moisés impactó a generaciones enteras, nuestro propósito también está conectado a las vidas que hemos sido llamados a influenciar. Y entonces, nuestra motivación cambia: ya no se trata solo de alcanzar nuestras propias metas, sino de tocar, transformar y restaurar vidas a través de nuestra fidelidad al plan de Dios.

Cómo Superar la Falta de Motivación Usando Principios Bíblicos

1. **Ancla tu identidad en Cristo:** Entender quién eres en Él es la base de todo. Medita en versículos como **1 Pedro 2:9 (NVI):** *"Pero ustedes son linaje escogido, real sacerdocio, nación santa, pueblo que pertenece a Dios."* Esta palabra te recuerda que eres llamado, amado y creado con un propósito que va mucho más allá de ti.

2. **Busca el propósito de Dios en tus metas:** Tómate un momento para reflexionar si tus objetivos están alineados con la visión que Dios tiene para tu vida. Pregúntate si hay personas a las que Él te está llamando a impactar a través de lo que haces. **Proverbios 19:21 (NVI)** dice: *"Muchos son los planes en el corazón del hombre, pero el propósito del Señor prevalecerá."*

3. **Haz que tus acciones cuenten para la eternidad:** Cada día es una oportunidad para tener un impacto eterno. Piensa en las almas, las vidas y los corazones que Dios quiere alcanzar por medio de ti. Esta perspectiva le da un nuevo sentido a cada tarea, por más pequeña que parezca.

4. **Inspírate en historias bíblicas:** Cuando sientas que la motivación disminuye, vuelve a las historias de personas que vivieron con propósito según el llamado de Dios, como Moisés o Pablo. Sus vidas nos recuerdan que Dios nos capacita para marcar la diferencia, incluso más allá de lo que imaginamos.

5. **Rodéate de apoyo centrado en Dios:** Busca una comunidad que te anime a seguir el llamado de Dios. **Hebreos 10:24 (NVI)** nos dice: *"Preocupémonos los unos por los otros, a fin de estimularnos al amor y a las buenas obras."*

Vivir con propósito significa dejar atrás las motivaciones pasajeras y abrazar una misión que tiene impacto eterno. Como Moisés, somos llamados a levantarnos en los momentos que Dios ha señalado, incluso cuando no nos sentimos listos o capacitados. Así como él fue llamado a liberar a Israel, nosotros también somos llamados a caminar en obediencia, confiando en que Dios usará nuestras vidas para bendecir, levantar y transformar a quienes nos rodean. Que ese sea el latido de tu caminar diario, impulsándote a vivir con la certeza de que tu vida tiene un significado divino, y que cada paso de fe que das nunca es en vano.

Oración por Propósito y Motivación

Señor, vengo a Ti buscando un nuevo aliento de propósito y motivación. Reconozco que a veces me cuesta encontrar sentido en mis acciones diarias. Recuérdame, Padre, quién soy en Ti y el llamado que has puesto sobre mi vida. Ayúdame a alinear mis metas con tus propósitos, a vivir cada día con intención, y a recordar que mi vida fue hecha para tocar la vida de otros. Dame fuerza, valentía y pasión para vivir plenamente para Tu gloria. En el nombre de Jesús, Amén.

Capítulo Cuatro

ESPERANZA APLAZADA PERO NO NEGADA – VENCIENDO LA DESESPERANZA

Todos hemos sentido el dolor de la espera, ese hueco doloroso entre una promesa y su cumplimiento. Cuando la esperanza se retrasa, es fácil pensar que la luz al final del túnel está demasiado lejos para alcanzarla. Pero incluso en esas épocas de espera, Dios está obrando, moldeándonos, preparándonos y capacitándonos para algo mucho más grandioso de lo que podemos imaginar. **Proverbios 13:12 (NVI)** nos enseña: *"La esperanza retrasada entristece el corazón, pero el deseo cumplido es un árbol de vida."* En estos tiempos de espera, la fidelidad de Dios es nuestro ancla, sosteniéndonos mientras confiamos en Su perfecto tiempo.

Una Historia de Esperanza Aplazada: Abraham y Sara

Abraham y Sara conocen bien lo que es esperar con el corazón dolido. Dios le prometió a Abraham que sería padre de muchas naciones, pero pasaron los años... y no nacía ni un solo hijo. Sara sintió la herida profunda de la decepción mientras la promesa seguía sin cumplirse. Día tras día, año tras año, comenzaron a dudar si Dios realmente cumpliría Su palabra. Pero el tiempo de Dios fue perfecto. Ya en su vejez, contra toda lógica humana, Sara dio a luz a Isaac, el hijo prometido. **Génesis 21:1-2 (NTV)** dice: *"El Señor cumplió su palabra con Sara y le concedió lo que le había prometido. Ella quedó embarazada y dio a luz a un hijo para Abraham en su vejez, justo en el tiempo señalado por Dios."*

La historia de Abraham y Sara nos recuerda que las promesas de Dios no dependen del tiempo ni de las circunstancias. Aunque la esperanza parezca lejana, Su fidelidad nunca falla. Dios siempre está trabajando, y Sus promesas, aunque tarden, nunca se pierden.

Mi propio camino de esperanza aplazada

En mi vida también he experimentado el dolor de una esperanza que parecía no llegar, especialmente con respecto a la restauración de mi familia. Dios me dio una visión clara de sanidad y reconstrucción para mí y para mis hijos, Bentley y Carson. Nos aferramos a esa promesa con todas nuestras fuerzas, confiando en que Él restauraría lo que se había roto. Pero a medida que pasaban los días, los meses y luego los años, tuve que aprender a confiar más en Su Palabra que en lo que mis ojos podían ver. Una de las partes más difíciles fue cambiar mi enfoque: dejar de mirar lo que me rodeaba y empezar a mirar lo que Dios había dicho. Fue un proceso diario de rendición, de decidir creer en Su fidelidad incluso cuando todo parecía incierto. Tuve que anclarme en Su Palabra, recordando una y otra vez que Sus promesas no cambian, aunque las circunstancias sí lo hagan.

Durante ese tiempo tan desafiante, Dios comenzó un proceso profundo de sanidad en mi corazón. Y no solo en el mío, también en los corazones de Bentley y Carson. Cada día enfrentábamos el dolor de no ver cumplida la promesa, pero cada día, Jesús nos encontraba justo ahí, llevándonos a una relación más íntima con Él. Esta etapa ha sido una de las más difíciles, pero también una de las más hermosas. Ha implicado dejar que Jesús sane heridas, rompa cadenas de dolor, elimine el trauma y disuelva toda desesperanza—quitando todo lo que nos impedía recibir plenamente Su amor.

A medida que Jesús sanaba, también traía pureza, fortaleza y una sensación de plenitud a los lugares que antes estaban rotos. Cada lágrima, cada oración, cada acto de entrega nos acercó más a Él. Fue en esa intimidad donde sentimos cómo Dios no solo nos restauraba individualmente, sino también como familia, uniéndonos con lazos más fuertes y sanos que antes. En lugar de la ruptura, Él nos dio fe. En lugar del vacío, esperanza. Y esa esperanza ha crecido con el paso del tiempo.

Aunque todavía no hemos visto toda la restauración que anhelamos, tenemos la plena seguridad de que Dios es fiel. Este tiempo de espera se ha convertido en un tiempo de refinamiento, donde nuestra relación con Jesús se ha profundizado día tras día. Estamos siendo transformados en la familia que Él soñó: firmes en Su amor, parados sobre Sus promesas y caminando hacia Su propósito.

> *Este tiempo de espera se ha convertido en un tiempo de refinamiento, donde nuestra relación con Jesús se ha profundizado día tras día.*

Principios Bíblicos para Superar la Desesperanza en Tiempos de Espera

1. **Renueva tu mente con las promesas de Dios:** Es fácil dejarse llevar por lo que vemos, pero Dios nos llama a renovar nuestra manera de pensar con Su verdad. **Romanos 12:2 (NVI)** dice: *"No se amolden al mundo actual, sino sean transformados mediante la renovación de su mente."* Enfócate en las promesas de Dios, y deja que ellas sean el ancla de tus pensamientos.

2. **Permite que Dios sane tu corazón y suelte el pasado:** La espera puede hacer aflorar heridas no resueltas. Déjale a Dios ese espacio para sanar lo que aún duele. El **Salmo 147:3 (NVI)** nos recuerda: *"Él sana a los quebrantados de corazón y les*

venda las heridas." La sanación puede doler, pero conduce a una libertad verdadera.

3. **Confía en el poder transformador de la espera:** Cree que Dios está usando este tiempo para formar en ti algo nuevo. **Santiago 1:3-4 (NVI)** dice: *"La prueba de su fe produce constancia. Y la constancia debe llevar a feliz término la obra, para que sean perfectos e íntegros, sin que les falte nada."*

4. **Profundiza tu relación con Jesús durante el proceso:** Usa este tiempo para acercarte más a Él. En Su presencia hallarás consuelo, fuerza y alegría, aun en medio de la espera. Como dice el **Salmo 73:28 (NVI):** *"Para mí, el bien es estar cerca de Dios; he hecho del Señor soberano mi refugio."*

5. **Encuentra propósito en el proceso:** Recuerda que la espera no es solo para recibir una promesa, también es para transformarte. Confía en que Él te está preparando para lo que viene y fortaleciendo todo lo que necesitas para vivir tu llamado.

La esperanza aplazada no es esperanza perdida. En la espera, Dios nos moldea, nos purifica y nos prepara para las bendiciones que ya tiene reservadas para nosotros. Así como Abraham y Sara vieron cumplida la promesa de Dios, nosotros también podemos descansar en la certeza de que Él cumplirá lo que ha dicho. Que esta temporada sea una en la que la fe crezca, el carácter se fortalezca y la esperanza permanezca viva, sabiendo que el tiempo de Dios siempre es perfecto.

Oración por Fortaleza y Sanidad en la Espera

Señor, vengo a Ti con un corazón que ha conocido tanto la esperanza como el dolor. Gracias por tus promesas, y te pido que me ayudes mientras espero verlas cumplidas. Transforma mi mente, ayúdame a mirar más allá de mis circunstancias y a confiar en tu fidelidad. Sana mi corazón, Señor, y también los corazones de mis hijos. Acércanos más a Ti, y llévanos a una intimidad más profunda contigo. Gracias por usar esta temporada para prepararnos, purificarnos y hacernos completos. Que sigamos creciendo en Tu amor, sabiendo que estás con nosotros en cada paso del camino. En el nombre de Jesús, Amén.

Capítulo Cinco

POR ENCIMA DE LA APATÍA – REAVIVANDO LA PASIÓN

Hoy en día, es fácil enfocarse en alcanzar el éxito, en perseguir la imagen de una "vida perfecta": una vida cómoda, estable económicamente, y con todo lo que creemos que nos hará felices. Pero a veces, incluso teniendo todo lo que soñamos, aparece un vacío silencioso que nos jala hacia algo más profundo, más auténtico. La verdadera pasión por la vida, el propósito real y la alegría duradera solo se encuentran en una relación con Jesús.

La Biblia nos recuerda cuán importante es mantener viva nuestra pasión por Dios. En **Apocalipsis 3:15-16 (NVI)**, Él nos advierte: *"Conozco tus obras; sé que no eres ni frío ni caliente... Por cuanto no eres ni frío ni caliente, sino tibio, estoy por vomitarte de mi boca."* Dios anhela que nos acerquemos a Él con un amor genuino, con una pasión renovada que mantenga nuestro corazón vivo en Su presencia. Cuando arde nuestro corazón por Él, experimentamos una vida nueva que va mucho más allá de una felicidad momentánea: nos lleva a la plenitud que Él siempre ha querido para nosotros.

Del Éxito Vacío a la Plenitud Verdadera: La Historia del Rey Salomón

El rey Salomón, hijo de David, fue conocido por su sabiduría, su riqueza y sus logros. Tenía todo lo que el mundo podía ofrecer: riqueza sin igual, influencia, respeto internacional. Dios lo bendijo abundantemente, y construyó un templo majestuoso en Jerusalén, lleno de tesoros. Salomón alcanzó un nivel de prosperidad que pocos pueden siquiera imaginar.

Sin embargo, a pesar de toda su sabiduría, logros y posesiones, Salomón llegó a una conclusión desconcertante: nada de eso le daba plenitud real. En el libro de Eclesiastés reflexiona sobre ese vacío diciendo: *"He visto todo lo que se hace bajo el sol, y todo ello es absurdo, un correr tras el viento"* **Eclesiastés 1:14 (NVI).** Se dio cuenta de que sin Dios, todo su éxito no llenaba su alma.

A lo largo de su camino, Salomón aprendió una lección profunda: nada en este mundo—ni la riqueza, ni el placer, ni los logros—puede sustituir una relación significativa con Dios. Al final del libro de Eclesiastés, comparte una verdad poderosa: *"Teme a Dios y cumple sus mandamientos, porque eso es el todo del hombre"* **Eclesiastés 12:13 (NVI).** Salomón llegó a entender que la verdadera plenitud se encuentra cuando buscamos a Dios en primer lugar y alineamos nuestra vida con Su voluntad, no cuando acumulamos éxitos terrenales.

Su historia nos recuerda el principio bíblico que encontramos en **Mateo 6:33 (NVI):** *"Busquen primeramente el reino de Dios y su justicia, y todas estas cosas les serán añadidas."* A pesar de haber perseguido riquezas y éxito en sus primeros años, Salomón descubrió que solo una vida centrada en Dios puede satisfacer los anhelos más profundos del alma. Su viaje, del éxito vacío a la plenitud verdadera, nos invita a examinar nuestra propia vida y a poner como prioridad nuestra relación con Dios—porque es ahí donde se encuentra la alegría duradera y el propósito real.

Mi Historia: Cuando el Éxito No Es Suficiente

Hubo una etapa en mi vida en la que, desde fuera, parecía que lo tenía todo. Una casa bonita, estabilidad financiera, hijos sanos y la libertad de hacer lo que quisiera. Podía viajar, comprar, disfrutar de los lujos... Pero por dentro, mi matrimonio se estaba desmoronando. Teníamos todo lo que se suponía que traía felicidad, pero algo faltaba. Las discusiones eran frecuentes, el ambiente se llenaba de distancia y dolor no resuelto.

Una noche, tras una pelea especialmente dura con quien hoy es mi exesposo, toqué fondo. No podía más. Y en mi desesperación, acudí al único lugar al que no había ido: Dios. Con lágrimas corriendo por mi rostro, clamé a Él. Y para mi sorpresa, respondió. Sentí una atracción hacia Él, un deseo profundo de conocerlo verdaderamente.

Eso me sorprendió, porque durante mucho tiempo había sabido de Dios. Lo conocía de nombre, creía en Él, incluso había hecho lo "correcto" religiosamente. Pero jamás había vivido una relación en la que realmente *lo conociera*. No sabía lo que era tener un Padre fiel, un Dios cercano que se interesara de verdad por mi dolor y tuviera el poder de guiarme en medio de él.

Cuando comencé a acercarme a Jesús, algo inesperado ocurrió: cuanto más me unía a Él, más se desmoronaba mi matrimonio. Era como si esas dos realidades no pudieran convivir. La paz que estaba descubriendo en Jesús comenzó a resaltar las fracturas profundas de mi relación. Intentaba mezclar aceite con agua. Y cuanto más abrazaba la esperanza que Jesús me ofrecía, más evidente era el quebranto de mi hogar.

Al principio no entendía por qué todo parecía derrumbarse, pero mientras buscaba a Dios, me di cuenta de que la lucha no era solo contra mi esposo o contra mí misma. Era algo más profundo. Como dice **Efesios 6:12 (NVI):** *"Nuestra lucha no es contra seres humanos, sino contra poderes, autoridades y fuerzas espirituales malignas en las regiones celestiales."* El enemigo había atacado nuestro matrimonio, aprovechando cada herida no sanada, cada trauma no tratado, para sembrar división, dolor y caos.

En medio de todo eso, Dios me abrió los ojos. Vi que ambos necesitábamos sanidad, no solo como pareja o familia, sino como individuos. Había heridas antiguas, cicatrices, cosas que yo había enterrado por años... pero Dios empezó a sacarlas a la luz. Aunque mi matrimonio no sobrevivió, yo sí. Y salí con una nueva pasión, con un propósito claro, enraizado en Él. A través del dolor, Dios me enseñó que la plenitud no viene del éxito exterior, sino de la relación profunda y real que podemos tener con Él.

La verdadera plenitud no nace de lo que acumulamos ni de lo que logramos, sino de alinear nuestra vida con el propósito de Dios y buscar Su Reino por encima de todo.

En un mundo que suele definir el éxito en términos de riqueza, estatus o posesiones, Jesús nos recuerda que todo eso es pasajero y jamás podrá satisfacer nuestras necesidades más profundas. En cambio, cuando priorizamos nuestra relación con Dios—buscándolo primero y alineando nuestra vida con Su voluntad—todo lo demás encuentra su lugar. Esta clase de plenitud va mucho más allá de lo que el éxito material puede ofrecernos momentáneamente. Solo una vida enraizada en el amor de Dios puede llenar el corazón con verdadera paz, alegría y propósito.

Para pasar del éxito vacío a una plenitud real, estamos invitados a redefinir lo que significa tener éxito. Para Dios, el éxito no se mide por logros visibles, sino por una vida que refleje Su amor, que sirva a Su propósito y que impacte a los demás. Este principio nos

> *Para Dios, el éxito no se mide por logros visibles, sino por una vida que refleje Su amor, que sirva a Su propósito y que impacte a los demás.*

recuerda que, cuando Dios es nuestro fundamento, encontramos una plenitud que no se tambalea, sin importar lo que pase a nuestro alrededor.

Principios Bíblicos para Reavivar la Pasión por Dios y por la Vida

1. **Busca una entrega total y sincera:** A veces, la verdadera pasión por Dios comienza cuando dejamos a un lado nuestras propias ideas de cómo debería ser la vida. Entrégale tus planes, tus sueños y tus heridas. Como dice el **Salmo 37:4 (RVR):** *"Deléitate asimismo en Jehová, y él te concederá las peticiones de tu corazón."* Haz de Dios tu mayor deseo, por encima de todo lo demás.

2. **Reconoce las batallas espirituales que te rodean:** No todas las luchas vienen del plano físico. Tal como aprendí en mi propio camino, muchas veces las batallas que enfrentamos son espirituales. Protégete con la armadura de Dios por medio de la oración, la Palabra y la fe, sabiendo que Él pelea contigo. **Efesios 6:11 (NVI)** nos exhorta: *"Pónganse toda la armadura de Dios para que puedan hacer frente a las artimañas del diablo."*

3. **Permite que Dios sane tus heridas del pasado:** La falta de pasión muchas veces nace del dolor no sanado. Abre tu corazón a la sanidad de Dios y deja que restaure esas partes rotas dentro de ti. El **Salmo 147:3 (NVI)** dice: *"Él sana a los que tienen el corazón roto y les venda las heridas."* Sanar abre el camino a una pasión renovada por la vida.

4. **Busca intimidad con Jesús cada día:** La pasión por Dios crece en los momentos de oración, adoración y tiempo a solas con Él. Cuanto más te acerques, más vivo se sentirá tu

corazón.**Santiago 4:8 (NVI)** promete: *"Acérquense a Dios, y él se acercará a ustedes."* Deja que tu relación diaria con Él alimente tu fuego interior.

5. **Redefine el éxito desde la mirada de Dios:** El verdadero éxito no se mide por posesiones ni estatus social. Se encuentra en una vida alineada con el propósito de Dios, una vida que refleja Su amor y transforma a otros. **Mateo 6:33 (NVI)** nos recuerda: *""Busquen primero el reino de Dios y su justicia, y todas estas cosas les serán añadidas."* Permite que sea Su propósito el que defina qué significa realmente "tenerlo todo".

Una relación viva con Dios es la base de una vida llena de pasión y propósito. A medida que lo busques cada día, sanes tus heridas y crezcas en Él, descubrirás una alegría que va mucho más allá del éxito externo. Como una chispa que enciende el fuego, tu búsqueda de Jesús avivará tu corazón, trayendo un nuevo entusiasmo y un sentido más profundo a cada área de tu vida. Que tu pasión por Él sea la fuerza que te impulse, sabiendo que la verdadera plenitud solo se encuentra en Su amor, Su paz y Sus promesas.

Oración por Pasión y Propósito Renovados

Señor, vengo ante Ti reconociendo que muchas veces mi corazón se desvía hacia las cosas de este mundo. Te pido que reavives dentro de mí una pasión que arda solo por Ti. Enséñame a deleitarme en Tu presencia, a ver mis luchas con Tus ojos, y a vivir con un propósito que vaya más allá de mis propios deseos. Sana las heridas que me han mantenido distante y acércame más a Ti cada día. Que mi vida refleje Tu amor y sea un testimonio de la plenitud que solo se encuentra en Ti. En el nombre de Jesús, Amén.

Capítulo Seis

ENCONTRANDO PAZ EN MEDIO DEL AGOBIO – DESCANSANDO EN LA PRESENCIA DE DIOS

La vida, a veces, nos abruma. El peso de las responsabilidades, la presión de seguir adelante y el ruido constante de nuestros propios pensamientos pueden sentirse como una tormenta que no se detiene. En esos momentos, anhelamos paz, un espacio de calma donde podamos respirar con libertad otra vez. Pero esa paz que tanto buscamos no es algo que podamos lograr por nuestra cuenta. Es un regalo de Dios, una paz que sobrepasa todo entendimiento **Filipenses 4:7**, una paz que llena los rincones desgastados y heridos de nuestro corazón.

Jesús habló de esta paz **en Juan 14:27 (NVI)**, cuando dijo: *"La paz les dejo; mi paz les doy. Yo no se la doy a ustedes como la da el mundo. No se angustien ni se acobarden."* Su paz no se parece a los consuelos temporales que ofrece el mundo. Es un sosiego divino que calma el corazón, incluso en medio de las situaciones más abrumadoras. Cuando nos volvemos a Dios en medio de la tormenta, encontramos un refugio, un santuario donde Su presencia apacigua nuestros temores y nos recuerda que no estamos solos.

Una historia de paz en la presencia de Dios: Jesús calma la tormenta

Una de las historias más reconfortantes de la Biblia es la de Jesús calmando la tormenta. Después de un largo día enseñando, Jesús y sus discípulos se subieron a una barca para cruzar el mar de

Galilea. Mientras navegaban, se levantó una fuerte tormenta y las olas golpeaban con fuerza la barca. Llenos de miedo, los discípulos despertaron a Jesús clamando: *"¡Señor, sálvanos, que nos vamos a ahogar!"* **(Mateo 8:25 NVI).**

Pero Jesús, tranquilo y sin alterarse, reprendió al viento y al mar diciendo: *"¡Silencio! ¡Cálmate!"* **(Marcos 4:39 NVI)**. Y de inmediato, todo quedó en calma. El mar se aquietó, y una paz profunda descendió sobre las aguas. Asombrados, los discípulos se decían entre ellos: *""¿Quién es este, que hasta el viento y el mar lo obedecen?"* **(Marcos 4:41 NVI).**

En ese momento, Jesús mostró el poder de Su presencia para traer paz. La tormenta era real, el miedo también... pero aún más real era Su autoridad sobre todo lo que los rodeaba. Esta historia nos recuerda que, incluso cuando la vida parece fuera de control, cuando estamos agotados y asustados, podemos encontrar paz si acudimos a Él. Jesús está con nosotros en cada tormenta, apaciguando el caos externo y también el que llevamos por dentro.

Mi Camino para Encontrar Paz en Medio del Agobio

Te soy sincera: jamás imaginé que yo sería de esas personas que tienen un ataque de ansiedad. Siempre he podido con todo—niños, trabajo, los giros inesperados de la vida—sin problema, ¿verdad? Pero ahí estaba yo, en una escena digna de película, convencida de que me estaba muriendo. Sí, muriendo. El corazón me latía a mil, apenas podía respirar, y pensaba: *'"Esto es todo. Aquí mismo, en mi sala, me voy a encontrar con Jesús."*

¿Y qué hice? Llamé a una amiga. Déjame darte una idea de quién es ella: la persona más ocupada que conozco, alguien a quien normalmente habría que avisarle con varios días de antelación para que te haga un hueco. Pero ese día, respondió al instante y, como una superheroína, llegó volando a mi lado. No tenía ni idea de cómo manejar un ataque de ansiedad en toda regla—¿quién la tiene, en serio?—así que simplemente se sentó junto a mí y empezó a orar. Pero la verdad es que la ansiedad no se fue. Entonces hizo lo único que se le ocurrió: abrió su Biblia y comenzó a leerla en voz alta.

¿Y sabes qué? Funcionó. La Palabra de Dios me envolvió como un abrazo cálido, lavando mi miedo y apaciguando el caos que sentía por dentro. En ese momento, fue como si Dios mismo le susurrara a mi corazón: *"Tranquila, Yo te tengo."* Una paz que no sé cómo explicar se posó sobre mí. No porque las circunstancias hubieran cambiado, sino porque Su presencia me recordó que, pasara lo que pasara, mi alma estaba segura en Él.

> *Un amor que no depende de cómo estemos ni de lo que hayamos hecho; es constante, firme y lo suficientemente fuerte como para alcanzarnos incluso en los momentos más oscuros.*

Mientras escribo esto, se me llenan los ojos de lágrimas al recordar cuán poderoso es Su amor, y cuánto nos ama. Un amor que no depende de cómo estemos ni de lo que hayamos hecho; es constante, firme y lo suficientemente fuerte como para alcanzarnos incluso en los momentos más oscuros. ¡Qué dulce y tierna es la certeza de que Sus promesas nunca fallan! Si Él pudo sostenerme en esa tormenta, sé que también puede hacerlo contigo. Que esto te lo recuerde: Dios te ve, escucha tu clamor y te sostiene con Su amor, incluso ahora.

Me gustaría decirte que los ataques de ansiedad se detuvieron ahí, pero no fue así. Aparecían cuando menos lo esperaba, incluso mientras estaba sentada viendo televisión con mis hijos, tratando de distraer mi mente. De pronto, ¡pum! Otro ataque. Era como un visitante indeseado que se presentaba sin avisar, una y otra vez. Así que empecé a correr a mi *closet de oración* cada vez que la ansiedad tocaba la puerta, llevando todo delante de Dios.

¿Y sabes qué? Dios siempre me encontraba ahí. Cada. Una. De. Las veces. No sé cómo explicarlo, pero apenas cerraba la puerta del closet, la ansiedad empezaba a disiparse, y una paz inexplicable me envolvía. Ese closet se convirtió en mi arma secreta, en mi pequeño refugio de paz. Era como si Dios me dijera: *"Ven, hablemos de eso."*

Y aquí viene lo gracioso. Mis hijos empezaron a notarlo. Me veían entrar estresada y salir tranquila, así que sabían que algo especial pasaba ahí dentro. Un día, mi hijo menor hizo un desastre en la cocina—harina por todas partes, un verdadero mini panadero desatado—y cuando salí del closet y lo vi bañado en blanco, me miró con cara de "yo no fui" y me dijo: *"¡Mami, tranquila, solo ve al closet de oración!"* Él sabía exactamente a dónde tenía que ir cuando todo se ponía patas arriba.

Ese closet ya no es solo un lugar. Es un recordatorio constante de que Dios siempre está disponible para encontrarse con nosotros. Ya sea que lleguemos llenos de gozo o cargados de preocupación, Él está ahí, con los brazos abiertos, diciendo: *"Ven, deja tus cargas aquí."* Aprendí que la paz que tanto necesitaba siempre había estado al alcance. No por mi fuerza, sino por Su presencia. Así que si alguna vez te sientes abrumado, busca tu propio rincón—una habitación tranquila, una silla cómoda, incluso un closet—y ve a encontrarte con Él. Déjalo llenarte con la paz que solo Él puede dar.

Principios Bíblicos para Encontrar Paz en Medio del Agobio

1. **Corre primero a Dios:** Cuando la ansiedad y el agobio amenacen con desbordarte, que el primer lugar al que acudas sea Dios.

El **Salmo 91:1-2 (NVI)** nos dice: *"El que habita al abrigo del Altísimo se acoge a la sombra del Todopoderoso. Yo le digo al Señor: 'Tú eres mi refugio, mi fortaleza, el Dios en quien confío.'"* Encuentra tu refugio en Él, confiando en que será tu protección en medio de la tormenta.

2. **Invita la paz de Dios a través de la oración:** PLa oración es una herramienta poderosa para aquietar el corazón. **Filipenses 4:6-7 (NVI)** nos anima: *"No se inquieten por nada; más bien, en toda ocasión, con oración y ruego, presenten sus peticiones a Dios y denle gracias. Y la paz de Dios, que sobrepasa todo entendimiento, cuidará sus corazones y sus pensamientos en Cristo Jesús"*. Vierte tus preocupaciones delante de Él, y deja que Su paz te envuelva.

3. **Medita en la Palabra de Dios:** Así como mi amiga me leyó la Biblia durante aquel ataque de ansiedad, la Palabra de Dios tiene el poder de calmar el corazón. El **Salmo 119:165 (NVI)** nos recuerda: *"Mucha paz tienen los que aman tu ley; nada los hace tropezar."* Cuando sientas ansiedad, sumérgete en Su Palabra y deja que traiga paz a tu alma.

4. **Crea un lugar de encuentro con Dios:** Ya sea un closet, un rincón o una silla, busca un espacio donde puedas encontrarte con Él. **Mateo 6:6 (NVI)** dice: *"Pero tú, cuando te pongas a orar, entra en tu cuarto, cierra la puerta y ora a tu Padre, que está en lo secreto. Así tu Padre, que ve lo que se hace en secreto, te recompensará."* Haz de ese lugar tu santuario, un sitio donde Su presencia te renueve.

5. **Confía en la autoridad de Jesús sobre la tormenta:** Recuerda que Jesús tiene poder para calmar cualquier tormenta. Así como aquietó el mar frente a los discípulos, también puede

calmar las ansiedades dentro de ti. **Marcos 4:39** nos muestra que Él puede hablar paz sobre cualquier situación. Confía en Su autoridad, sabiendo que siempre está contigo.

No importa lo que te esté agobiando, la presencia de Dios es un lugar de paz. Así como calmó el mar para los discípulos y me encontró a mí en mi closet de oración, también te encontrará a ti cuando clames Su nombre. En Él hallarás descanso, consuelo y una paz que el mundo no puede quitarte. Que Su presencia sea tu santuario, tu refugio diario y tu lugar seguro en medio de la tormenta.

Oración por Paz en Medio del Agobio

Padre, vengo a Ti en medio de mis ansiedades y temores, buscando esa paz que sobrepasa todo entendimiento. Gracias por ser mi refugio, mi lugar seguro. Enséñame a correr primero hacia Ti, a encontrar consuelo en Tu presencia y a descansar en Tus promesas. Ayúdame a soltar cada preocupación, confiando en que me sostienes en la palma de Tu mano. Gracias por encontrarme en mi tormenta y por calmar mi corazón con Tu amor. En el nombre de Jesús, Amén.

Capítulo Siete

SANANDO EL CORAZÓN – SUPERANDO LA TRISTEZA Y EL VACÍO

La tristeza y el vacío pueden sentirse como invitados no deseados que se instalan en los momentos silenciosos de nuestra vida, a veces tan sutilmente que apenas nos damos cuenta de que están ahí. Pero Dios, en Su amor, nos invita a experimentar sanidad y plenitud en lugar de tristeza, gozo en lugar del vacío. Él conoce las heridas ocultas, los anhelos que nunca hemos dicho en voz alta y las penas secretas que cargamos—y siempre está listo para llevarnos a un lugar de paz y restauración.

La Biblia nos recuerda el cuidado tierno de Dios en el **Salmo 34:18 (NVI):** *"El Señor está cerca de los quebrantados de corazón, y salva a los de espíritu abatido."* Dios no ve nuestra tristeza ni nuestro vacío como cargas; al contrario, los ve como una oportunidad para acercarse aún más, para sanar lo roto y devolvernos lo que sentimos haber perdido.

Una historia del amor sanador de Dios: La oración de Ana

Una de las historias más hermosas de sanidad en la Biblia es la de Ana, una mujer que conocía de cerca el dolor de la tristeza y el vacío. Ana deseaba profundamente tener un hijo, pero año tras año, sus oraciones parecían no recibir respuesta. El peso de su dolor era tan grande que lloraba y oraba con angustia profunda, sintiéndose vacía y sola.

Un día, mientras derramaba su corazón en oración en el templo, hizo una promesa a Dios: si Él le daba un hijo, ella lo dedicaría completamente al Señor. El sacerdote Elí la observó orando y, al comprender su dolor, la bendijo. Después de ese momento, algo cambió en el corazón de Ana. Se levantó de donde estaba y *"su rostro ya no estaba abatido"* **1 Samuel 1:18 (NVI)**. Aunque su situación aún no había cambiado, su corazón había encontrado paz. Dios más adelante le concedió un hijo, Samuel, y el gozo de Ana fue tan grande que alabó a Dios por Su fidelidad.

La historia de Ana nos enseña que la sanidad no siempre comienza cuando cambian nuestras circunstancias, sino cuando llevamos nuestro dolor más profundo a Dios. Cuando derramamos el alma delante de Él, Él nos encuentra ahí mismo, nos llena de paz y nos recuerda que no estamos solos en nuestras temporadas de tristeza o vacío. Dios no solo le dio un hijo a Ana; le regaló una sanidad y un gozo que superaron todo lo que ella había pedido

Mi Camino para Encontrar Gozo y Superar la Tristeza y el Vacío

Hoy, al mirar hacia atrás, puedo ver cómo la mano de Dios me fue guiando por un camino de sanidad, aun cuando yo misma no era consciente de cuánto lo necesitaba. Crecí con una madre y un padre maravillosos, que me cuidaron y me proveyeron lo que necesitaba. Pero hubo algo que nunca escuché de sus labios: *"Te amo"*. Mis padres me amaban a su manera, claro que sí, pero esas tres palabras nunca fueron dichas. Cuando era niña, no lo notaba; simplemente era así como funcionaba todo. Pero al ir creciendo, comenzó a surgir dentro de mí una especie de vacío, una añoranza que no sabía de dónde venía ni cómo llenarla.

Sin darme cuenta, empecé a buscar esas palabras en otras personas. Me sentía atraída hacia quien me dijera *"te amo"*. No entendía por qué esas palabras tenían tanto poder sobre mí, solo sabía que me aliviaban, que calmaban una ausencia que no lograba explicar. Eso no significaba que esas personas supieran lo que era el verdadero amor, ni que sus palabras vinieran de un corazón sincero. Muchas veces no era así. Pero oírlas me hacía sentir menos sola... así que me dejé llevar por relaciones que, en el fondo, debí haber evitado.

Esas relaciones, aunque decían lo que yo necesitaba escuchar, no estaban construidas sobre el amor verdadero. Y, con el tiempo, me dejaban sintiéndome aún más vacía. Sin embargo, en medio de todo eso, Jesús estaba ahí. Paciente, esperando el momento para mostrarme cómo se ve el amor real. En ese tiempo yo no lo entendía, pero Él ya me estaba preparando para una sanidad que transformaría mi vida por completo.

A medida que me acercaba a Jesús, comencé a entregarle mi corazón pedacito a pedacito. Cada día le llevaba mis cargas—mis miedos, mi tristeza, mi deseo de sentirme amada. Fue un proceso de rendición diaria, una caminata de fe en la que aprendí a confiarle cada parte rota de mi corazón. Y mientras lo hacía, Él empezó a mostrarme la raíz de mi tristeza: estaba ligada a esas palabras que nunca escuché cuando era niña. Con ternura, Dios trajo esos recuerdos a la superficie. No para herirme, sino para sanarme.

Y ahí, en ese proceso, experimenté algo inesperado: gozo. No lo vi venir, pero paso a paso, con cada rendición, Dios me iba restaurando. Jesús me mostró que ese amor que tanto había buscado no podía venir de palabras vacías ni de relaciones pasajeras. Solo Él podía llenarme por completo. Su amor se volvió mi alegría, disipó la oscuridad y ocupó ese lugar que por tanto tiempo había estado vacío en mi vida... y en mi corazón.

Esto es lo que quiero que sepas: Jesús también quiere sanar tu corazón. No importa qué tristeza, dolor o trauma estés cargando—Él ya lo conoce. Y no solo está dispuesto a tocar esas heridas, sino que desea hacerlo más de lo que tú deseas ser sanado. Hay dolores que solo Él puede alcanzar, heridas que ningún medicamento, terapeuta o remedio

Él ve hasta la raíz de lo que duele, incluso esas partes que quizás tú mismo no entiendes del todo... y quiere restaurarlas.

humano puede sanar por completo. Él ve hasta la raíz de lo que duele, incluso esas partes que quizás tú mismo no entiendes del todo... y quiere restaurarlas.

Cuando le entregamos nuestro corazón a Jesús, Él nos muestra con suavidad lo que está escondido. No para rompernos, sino para restaurarnos. Solo Él puede entrar a lo más profundo y traer luz donde solo había sombra, y gozo donde solo había vacío. Así como Él llenó mi vida con Su amor y Su alegría, también está listo para hacer lo mismo contigo. No está esperando a que seas perfecto, ni a que tengas todo resuelto. Solo espera que le digas: *"Jesús, te necesito".*

Su amor es real y es personal. Es un amor que llena cada espacio, que sana hasta lo más roto y que nos recuerda que nunca estamos solos. Jesús quiere caminar contigo, llevarte a ese lugar de paz, gozo y plenitud que solo Él puede dar. Yo quizás nunca escuché un *"te amo"* de parte de mis padres, pero hoy lo escucho cada día de parte de Él. Me lo susurra en los momentos de silencio, me lo declara a través de Su Palabra, y me lo demuestra con Su presencia constante. Deja que también sane tu corazón... y que lo llene con un gozo que desborda.

Principios bíblicos para superar la tristeza y el vacío

1. **Lleva tu dolor a Dios:** La sanidad comienza cuando, como Ana, derramamos nuestro corazón delante de Dios, incluso cuando no entendemos del todo lo que sentimos. El **Salmo 62:8 (NVI)** nos recuerda: *"Confíen en él en todo momento, pueblo; ábranle su corazón, pues Dios es nuestro refugio."*

2. **Recibe el amor de Dios cada día:** A veces, nuestro corazón necesita que le recuerden que es profundamente amado por Dios. **Romanos 5:8 (NVI)** nos dice: *"Pero Dios demuestra su amor por nosotros en esto: en que cuando todavía éramos pecadores, Cristo murió por nosotros."* Deja que Su amor sea la base sobre la que comience tu sanidad.

3. **Cree que Dios revela para sanar:** Dios no saca a la luz nuestras heridas para dejarnos rotos, sino para sanarnos. Permite que te muestre las áreas ocultas que necesitan restauración, sabiendo que Su deseo es llevarte a la plenitud.

4. **Rinde tus preocupaciones y heridas:** La sanidad es un proceso que muchas veces requiere rendición diaria. A medida que entregas tus cargas a Dios, confía en que Él está obrando en ti. **1 Pedro 5:7 (NVI)** nos anima: *"Depositen en él toda ansiedad, porque él cuida de ustedes."*

5. **Encuentra gozo en Su presencia:** En Su presencia encontramos una alegría que no depende de las circunstancias. El **Salmo 16:11 (NVI)** dice: *"Me has dado a conocer la senda de la vida; me llenarás de alegría en tu presencia, y de dicha eterna a tu derecha."*

Dios es el sanador por excelencia del corazón, y desea llevarte a un lugar de gozo, plenitud y paz. Como Ana, entrégale tus heridas y tu corazón, confiando en que Él ve cada lágrima y escucha cada oración. Incluso en esos momentos silenciosos donde te sientes triste o vacío, Él está obrando en tu interior, acercándote más a Él y llenándote con un gozo que solo Él puede dar. Que cada día con Él sea un paso más en tu camino de sanidad, sabiendo que no estás solo: Él va contigo en cada paso.

Oración por Sanidad y Gozo

Señor, vengo a Ti con un corazón que ha conocido la tristeza y el vacío. Gracias por ser mi sanador, mi consuelo y mi fuente de alegría. Muéstrame las áreas de mi corazón que necesitan Tu toque, y ayúdame a rendirte cada carga. Enséñame a encontrar gozo en Tu presencia y lléname con la paz que solo Tú puedes dar. Gracias por Tu amor que restaura, que sana y que llena mi corazón de esperanza. En el nombre de Jesús, Amén.

Capítulo Ocho

ABRAZAR EL VALOR PROPIO – VIÉNDONOS A TRAVÉS DE LOS OJOS DE DIOS

Vivimos en un mundo que constantemente nos dice quién deberíamos ser, y entre tantas voces, a veces olvidamos quiénes ya somos en Cristo. Hay etiquetas que nos pone la vida: errores del pasado, opiniones ajenas, incluso nuestras propias inseguridades. Pero Dios ya ha dicho la última palabra sobre nosotros, y esa es la única que realmente importa. Somos amados, elegidos, redimidos... una nueva creación en Cristo Jesús.

Imagina esto: ¡Eres hijo del Rey! **1 Pedro 2:9 (NVI)** declara: *"Pero ustedes son linaje escogido, real sacerdocio, nación santa, pueblo que pertenece a Dios, para que proclamen las obras maravillosas de aquel que los llamó de las tinieblas a su luz admirable."* Fuiste creado con propósito, y tu vida es valiosa para Dios. No estás definido por tus luchas, tus fracasos, ni por lo que otros digan de ti. Tu identidad está segura en Él, y por eso eres heredero de todas las riquezas del cielo. Eres coheredero con Cristo, y nada podrá separarte de Su amor **(Romanos 8:35-39)**.

Cuando abrazamos por completo esta identidad, comenzamos a vernos como Dios nos ve. Caminamos con confianza, sabiendo que somos profundamente valorados. Cada promesa, cada bendición, cada muestra de amor y gracia del cielo nos pertenece... simplemente porque le pertenecemos a Él. Al vernos así, ya no estamos atados a las etiquetas o limitaciones que el mundo nos impone. Somos libres para ser exactamente quienes Dios nos creó para ser.

El camino de Pedro para abrazar su identidad en Cristo

Pensemos en Pedro. Su viaje para descubrir quién era en Cristo es una de las historias más impactantes de la Biblia. Después de negar a Jesús tres veces, movido por el miedo y la vergüenza **(Lucas 22:54-62)**, Pedro se sintió roto, indigno y sin rumbo. En medio de su decepción, volvió a lo que conocía: la pesca **(Juan 21:3)**. Era como si hubiera renunciado a la identidad que Jesús le había dado, convencido de que no era apto para seguir siendo un "pescador de hombres" **(Mateo 4:19)**.

Pero entonces, en medio de su rutina de siempre, ocurrió algo extraordinario. Jesús apareció en la orilla, llamó a los discípulos y realizó un milagro muy parecido al que Pedro había presenciado cuando lo siguió por primera vez **(Juan 21:4-6)**. Al reconocerlo, Juan exclamó: *"¡Es el Señor!"* **(Juan 21:7)**, y la reacción de Pedro fue inmediata y valiente. Se puso su manto, un gesto simbólico de retomar su identidad y se lanzó al agua, nadando hacia la orilla sin dudarlo.

En ese instante, Pedro no solo corría hacia Jesús... estaba volviendo a abrazar su llamado. Y Jesús, con Su infinita gracia, no lo recibió con reproches por haberlo negado. Lo recibió con reconciliación. En una escena que reflejaba aquella noche de negación, junto al fuego, Jesús le preguntó tres veces: *"¿Me amas?"* **(Juan 21:15-17)**. Cada vez, Pedro respondió afirmativamente, y con cada respuesta, Jesús lo restauró por completo para la misión que tenía para él.

Esta historia nos recuerda que ningún fracaso, vergüenza o miedo puede cancelar el propósito que Dios ha diseñado para tu vida. Tal como le ocurrió a Pedro, puedes sentir que te has quedado corto, pero Jesús está listo para encontrarte con Su gracia, recordarte quién eres realmente y llamarte a seguir adelante. Si Pedro pasó de negar a Jesús a convertirse en la roca sobre la que se edificaría la iglesia **(Mateo 16:18)**, imagina lo que Dios puede hacer contigo cuando decides ver tu vida como Él la ve. Ponte el manto, da el paso y corre hacia Aquel que restaura, redime y te equipa para un propósito que solo tú puedes cumplir.

Mi camino para descubrir quién soy en Cristo

Durante mucho tiempo me hice una pregunta que me daba vueltas en la cabeza: "¿Quién soy en realidad?" La vida ya me había lanzado suficientes golpes bajos—retos, momentos duros y, sí, un divorcio complicado—como para sentir que mi identidad estaba hecha pedazos. En algún momento pensé que la tenía clara: era la ingeniera con título universitario, la mujer determinada con un técnico, la mamá entregada, la esposa que siempre apoyaba... y, bueno, la divorciada inesperada. Era como juntar etiquetas para un currículum que ni siquiera quería tener. El problema vino cuando la vida me quitó esos títulos y los revolcó todos, dejándome mirando los restos sin saber quién era.

Si alguna vez has sentido que tu identidad depende de lo que haces o de los roles que ocupas, déjame decirte algo importante: no es así. Esas cosas pueden describirte, sí, pero *no te definen.* Yo no lo sabía en ese momento, pero Dios estaba por mostrarme que mi verdadera identidad no estaba en lo que había logrado, ni en lo que había perdido, ni siquiera en lo que había sufrido. Estaba en algo muchísimo más grande: en lo que Él dice que soy. Y déjame decirte, cuando Dios empieza a decirte quién eres, todo cambia.

Dios, en Su infinita bondad, tiene una manera preciosa de mostrarnos quiénes somos de verdad—casi siempre cuando menos lo esperamos y de formas que nos hacen decir: *"¿En serio, Señor? ¿Ibas en serio con eso?"* Empezó a revelarme partes de mi identidad a través de sueños, visiones, Su Palabra y hasta profecías. Y cada vez,

47

había una certeza profunda en mi corazón de que no eran ocurrencias mías—eran mensajes directamente de Él. A través de esas revelaciones, empecé a verme como Él me ve. No era solo una mujer tratando de sobrevivir las dificultades de la vida; era Su amada, Su elegida, Su tesoro, llamada a un propósito único dentro de Su Reino. Eso cambió por completo mi forma de ver las cosas.

A medida que me aferraba a esa verdad, Dios fue conectando los puntos de una manera que solo Él puede hacer. Los momentos difíciles que había atravesado—las pérdidas, las luchas, los días en los que sentí que no podía más—no habían sido en vano. Eran parte de una preparación para algo mucho mayor. Me di cuenta de que justo en las áreas donde me había sentido más derrotada, era donde Él me estaba llamando a brillar y a ser luz para otros. Aquellas batallas que yo tanto le había pedido que me quitara, ahora eran el testimonio que Él usaría para fortalecer a otros. ¿No es así como obra Dios? Toma lo que parece cenizas y lo transforma en belleza **(Isaías 61:3)**.

Este camino de descubrir quién soy en Cristo ha sido liberador. Saber que mi identidad no está atada a mis logros, ni a mis fracasos, ni a lo que otros piensan de mí, sino a la verdad firme de quién soy en Él, lo ha cambiado todo. Soy profundamente amada, elegida con intención y equipada por completo para vivir la vida que Él ha diseñado para mí. Y eso me ha dado el valor de avanzar con paso firme, no porque lo sepa todo, sino porque confío plenamente en Aquel que sí lo sabe.

Querida lectora (o lector), quiero que sepas esto: Dios también quiere que tú sepas quién eres en Él. No estás definida por tus errores, ni por las etiquetas que otros te han puesto, ni por las batallas que estás enfrentando. Eres Su amada, Su obra maestra, y Él tiene un propósito único y maravilloso para tu vida. ¿Esas luchas que parecen querer derribarte? No son aleatorias. Son señales de las áreas en las que Dios planea usarte con poder. Justo ahí donde sientes que no das más, Él está trabajando para convertirte en una voz de esperanza para otros.

Y aquí va un secreto: Dios no desperdicia nada. Ni una lágrima, ni una desilusión, ni un "¿por qué a mí?" queda fuera de Su plan. **Romanos 8:28 (NVI)** dice: *"Ahora bien, sabemos que Dios dispone todas las cosas para el bien de quienes lo aman, los que han sido llamados de acuerdo con su propósito."* Eso significa que tu caos es la obra de arte que Él está formando. Cada prueba, cada lección, cada larga espera... todo se está entrelazando en Su plan perfecto para ti.

> *Justo ahí donde sientes que no das más, Él está trabajando para convertirte en una voz de esperanza para otros.*

Dios quiere que sepas que en Cristo eres hecho nuevo y que eres heredero de las riquezas del cielo, no por lo que hayas hecho, sino por lo que eres para Él. Cuando empiezas a verte como Él te ve, descubres una fuerza, una esperanza y un propósito que van más allá de lo que imaginabas. Reirás de lo que antes te hacía llorar y te mantendrás firme donde antes temblabas.

Así que, mientras recorres este camino loco, hermoso y a veces complicado llamado vida, aférrate a esta verdad: Dios está *usando todo*. Cada retroceso, cada herida, cada pequeña victoria te está acercando más a Él y te está preparando para las cosas increíbles que ha planeado para ti. Que este conocimiento te llene de esperanza renovada y te dé el valor de seguir adelante. Eres profundamente amado, completamente conocido y perfectamente diseñado por el Creador del universo. Créeme: apenas está comenzando contigo.

Principios bíblicos para superar la tristeza y el vacío

1. **Recuerda que eres elegido y amado:** Dios te escogió mucho antes de que tú pudieras escogerlo a Él. En **Efesios 1:4-5 (NVI)** leemos: *"Dios nos escogió en él antes de la creación del mundo, para que seamos santos y sin mancha delante de él. En amor nos predestinó para ser adoptados como hijos suyos por medio de Jesucristo."* Él te llama Su amado, y no hay nada que puedas hacer que cambie Su amor por ti.

2. **Afirma tu identidad como nueva creación:** En Cristo, eres hecho nuevo. **2 Corintios 5:17 (NVI)** dice: *"Por lo tanto, si alguno está en Cristo, es una nueva creación. ¡Lo viejo ha pasado, ha llegado ya lo nuevo!"* Suelta las etiquetas del pasado, las heridas, y abraza la nueva identidad que Dios te ha dado.

3. **Reconócete como coheredero con Cristo:** Dios te ha dado la misma herencia que a Su Hijo. **Romanos 8:17 (NVI)** nos recuerda: *"Y si somos hijos, somos herederos; herederos de Dios y coherederos con Cristo."* Cada promesa y bendición del cielo es tuya a través de Jesús.

4. **Camina con valentía en tu propósito:** Las luchas que has enfrentado muchas veces son señal del lugar donde Dios más te quiere usar. Confía en que Él te ha preparado para un propósito más grande que tú mismo. **Jeremías 29:11 (NVI)** declara: *"'Porque yo sé muy bien los planes que tengo para ustedes', afirma EL SEÑOR, 'planes de bienestar y no de calamidad, a fin de darles un futuro y una esperanza'."*

5. **Deja que sea Dios quien te defina, no el mundo:** El mundo puede intentar etiquetarte, pero la última palabra sobre quién

eres la tiene Dios. **Gálatas 2:20 (NVI)** nos recuerda: *"He sido crucificado con Cristo, y ya no vivo yo, sino que Cristo vive en mí."* Tu verdadera identidad está escondida en Él, libre de cualquier limitación o etiqueta que el mundo quiera imponerte. Abrazar tu identidad en Cristo no es algo que se hace una vez y ya. Es una decisión diaria: elegir verte como Dios te ve, en vez de a través del filtro distorsionado del mundo. Y sí, seamos sinceros, hay días en los que eso cuesta más que otros. Pero aquí va una verdad que nunca cambia: eres amado, elegido y llamado a cumplir un propósito más grande de lo que te imaginas.

Camina con confianza en esa verdad, incluso en los días en que apenas logras tachar cosas de tu lista o te preguntas si Dios de verdad tiene un plan. Cada promesa del cielo es para ti, cada palabra que Él ha dicho sobre ti es verdad, y cada bendición en Su Reino está a tu alcance. Tu identidad no depende de lo que has hecho ni de cómo te sientes, sino de lo que Dios ya ha dicho sobre ti.

Y mientras vives con esta seguridad, recuerda que esas luchas que has vivido no son solo obstáculos. Dios las usa como herramientas para tocar otras vidas, para dar esperanza y mostrar Su amor a un mundo que lo necesita con urgencia. Suelta lo que el mundo dice de ti—eres mucho más que tus títulos, tus fracasos o incluso tus logros. Eres hijo del Rey, hecho a mano para algo grande. Abrázalo, vívelo y deja que Su amor brille tanto a través de ti que otros no puedan evitar ver a Dios también.

Oración para Abrazar tu Identidad

Señor, gracias por llamarme Tu hijo, por elegirme y por amarme sin medida. Ayúdame a verme como Tú me ves, y a soltar todas las etiquetas o mentiras que no se alinean con Tu verdad. Recuérdame cada día que soy tu amado, una nueva creación y coheredero con

Cristo. Enséñame a caminar con valentía en el propósito que has preparado para mí, sabiendo que Tú me has equipado para toda buena obra. Que mi vida esté siempre anclada en la identidad que me has dado, reflejando Tu amor y gracia en todo lo que haga. En el nombre de Jesús, Amén.

Capítulo Nueve

ROMPIENDO CON LA IMPOTENCIA – CAMINANDO EN LA AUTORIDAD DE DIOS

Imagina vivir cada día sabiendo que, sin importar lo que enfrentes, el poder que llevas dentro es más grande que cualquier cosa que este mundo pueda lanzarte. Como hijos de Dios, esto no es un simple deseo bonito, ¡es una realidad! El mismo Espíritu que resucitó a Jesús de entre los muertos vive en nosotros **(Romanos 8:11)**, y nos da fuerzas y seguridad para enfrentar cada desafío. **1 Juan 4:4 (RVR)** nos lo recuerda con poder: *"Mayor es el que está en ustedes que el que está en el mundo"*. No es una simple sugerencia; es una declaración firme de la autoridad que tenemos en Cristo.

Vivir con esa valentía y autoridad requiere renovar nuestra mente. Es un proceso diario de cambiar mentiras por verdades, de alinear nuestros pensamientos con la Palabra de Dios, reconociendo que llevamos dentro un poder que supera todo lo que nos rodea. Jesús nos dio autoridad para vencer, mantenernos firmes y caminar en libertad. Y cuando realmente entendemos esto, podemos plantarnos con seguridad ante cualquier obstáculo, sabiendo que nuestra identidad y fortaleza vienen de Él.

La historia de Josué es un ejemplo poderoso de alguien que caminó en la autoridad de Dios para guiar a su pueblo hacia la tierra prometida. Tras la muerte de Moisés, a Josué se le encomendó una misión enorme: liderar a los israelitas hacia el cumplimiento de la promesa de Dios. No era cualquier tarea. El camino estaba lleno de ciudades fortificadas y enemigos fuertes, y Josué estaba ocupando el lugar de uno de los líderes más grandes de la historia. Pero la autoridad de Dios sobre su vida hizo toda la diferencia.

Las primeras palabras de Dios a Josué después de la muerte de Moisés fueron tanto una instrucción como una promesa: *"Sé fuerte y valiente, porque tú harás que este pueblo herede la tierra que les prometí a sus antepasados"* **(Josué 1:6, NVI)**. Y no lo dijo solo una vez. Dios le repitió que estaría con él, tal como había estado con Moisés: *"No te dejaré ni te abandonaré"* **(Josué 1:5, NVI)**. No eran simples palabras de ánimo, eran palabras que empoderaban. Josué no estaba tomando ese rol por su cuenta; estaba caminando bajo la dirección y provisión de Dios.

Uno de los momentos más impresionantes donde Josué demostró esa autoridad fue durante la batalla de Jericó. Dios le dio instrucciones muy específicas que, desde un punto de vista lógico, no tenían sentido: *rodear la ciudad una vez al día durante seis días, y luego siete veces el séptimo día, y al final hacer sonar trompetas* **(Josué 6:2-5, NVI)**. Para la mente humana, eso sonaba absurdo—los muros no caen por marchar ni por hacer sonar trompetas. Pero Josué obedeció, confiando plenamente en la autoridad de Dios sobre la batalla.

¿El resultado? Los muros de Jericó se derrumbaron y los israelitas ganaron su primera victoria en la Tierra Prometida **(Josué 6:20)**. Este evento milagroso no fue solo una muestra del poder de Dios, sino una confirmación de lo que sucede cuando caminamos en Su autoridad, obedecemos Su palabra y confiamos en Sus promesas.

La historia de Josué nos recuerda que la autoridad de Dios siempre está conectada a Sus promesas. Cuando Él nos llama a dar un paso hacia algo nuevo, ya sea un reto, una misión o una batalla. No es nuestra fuerza o estrategia lo que nos da la victoria, sino Su poder obrando en nosotros.

Si hoy estás enfrentando algo que parece imposible, recuerda lo que Dios le dijo a Josué: *"¿Acaso no te lo he ordenado yo? ¡Sé fuerte y valiente! No tengas miedo ni te desanimes, porque el Señor tu Dios te acompañará dondequiera que vayas"* **(Josué 1:9, NVI)**. Esas palabras no fueron solo para Josué—son también para ti.

La autoridad de Dios te equipa para caminar con valentía hacia lo que Él ha prometido. Aunque el camino no tenga sentido o la batalla parezca demasiado grande, Su poder es más fuerte que cualquier obstáculo. Confía en Él, sigue Su guía y observa cómo hace lo que solo Él puede hacer. Con Dios, puedes caminar con la certeza de que cada paso está respaldado por Su autoridad y Su fidelidad inquebrantable.

Mi camino para abrazar la autoridad de Dios

Te cuento que, por mucho tiempo, no entendía bien la autoridad que Dios me había dado. Claro, había escuchado sermones sobre mantenerse firme, pero eso de tener un poder real frente a los problemas de la vida... bueno, sonaba más a algo bonito que a algo alcanzable. Yo solo trataba de sobrevivir al día sin que me arrastrara la próxima ola de caos. Pero Dios tenía otros planes.

Mi llamado de atención llegó a través de lo que parecían intentos constantes por acabar conmigo ¡y no es exageración! Una vez estaba en la escaladora, haciendo ejercicio, tranquilita, solo cumpliendo con la rutina, cuando de repente se rompió la banda de la máquina. Si alguna vez has usado una escaladora, sabes que eso es una receta para el desastre. Pude haberme caído feo, con consecuencias graves o incluso peores. Pero, por lo que ahora sé que fue protección divina, salí ilesa, sin un solo rasguño.

Después vino un accidente de carro, de esos que uno ve y piensa: "esto debió terminar mal". Y otra vez, salí sin un solo golpe ni moretón. Al principio lo atribuí a la suerte. Pero después de suficientes "casi accidentes", empecé a darme cuenta de que no era suerte—era Dios mostrándome que Su protección era real. Empecé a entender que sí, estaba siendo protegida, pero también estaba atrapada en un ciclo que tenía que romperse.

Al sumergirme en la Palabra, empecé a aprender sobre la autoridad de Dios, y esa revelación me cambió por completo. Leí historias de personas como Moisés, que se presentó ante el faraón con nada más que un bastón de pastor y la Palabra de Dios. El faraón tenía ejércitos, pero Moisés tenía la autoridad de Dios ¿y quién ganó esa batalla? ¿Y qué tal David, un pastorcito que derrotó a un gigante con una piedra? David no era el más fuerte del campo de batalla, pero sabía que el verdadero poder venía de Dios, no de la fuerza física ni de armas sofisticadas.

Esas historias encendieron algo en mí. Si David y Moisés pudieron caminar con autoridad, ¿por qué yo no? El mismo Jesús nos dio autoridad cuando dijo en **Lucas 10:19 (NVI)**: *"Les he dado autoridad para que puedan caminar sobre serpientes y escorpiones, y vencer todo el poder del enemigo".* Claro, no es que ahora voy por ahí pisando serpientes literalmente, pero entendí que tampoco tenía que seguir viviendo bajo el peso del miedo, la opresión o la angustia.

Tomé esa autoridad en serio. Empecé a declarar las promesas de Dios sobre mi vida y sobre mis hijos. Toda maldición, toda palabra negativa que alguna vez se habló sobre nosotros, la cancelé en el nombre de Jesús. Y te digo algo: las cosas comenzaron a cambiar.

No era solo una sensación de alivio; era como si un peso real se hubiese levantado. Esa opresión diaria, esa carga constante, comenzó a desaparecer, y en su lugar sentí una paz y una fuerza que nunca antes había experimentado.

¿Y lo mejor? Esta autoridad no es solo para mí ¡también es para ti! Recuerda, Dios no tiene favoritos. Así como protegió a Daniel en el foso de los leones y le dio a Ester el valor para enfrentar al rey, también nos ha dado a cada uno de nosotros el poder para mantenernos firmes y vivir con valentía. Jesús dijo en **Mateo 18:18 (NVI)**: *"Les aseguro que todo lo que ustedes aten en la tierra, quedará atado en el cielo, y todo lo que desaten en la tierra, quedará desatado en el cielo."* ¡Eso sí que es autoridad! No tenemos que vivir bajo el peso del miedo ni aceptar pasivamente lo que se nos venga encima. Con la autoridad de Dios, podemos vivir en victoria.

Si sientes que estás atrapado en un ciclo del que no logras salir, quiero que sepas esto: Dios ya te ha dado lo que necesitas para romperlo. El enemigo quiere hacerte creer que no tienes poder, pero nada está más lejos de la verdad. Dentro de ti vive un poder mucho más grande que cualquier cosa que este mundo pueda lanzar contra ti—porque *"mayor es el que está en ti, que el que está en el mundo"* **(1 Juan 4:4, NVI)**.

Así que, da ese paso y abraza la autoridad que ya es tuya. Declara Sus promesas con valentía, rompe las cadenas que te han retenido y camina en la libertad y la paz que Él tiene para ti. Con Dios, ningún ciclo es imposible de romper y ninguna situación está fuera de Su alcance. Estás equipada, empoderada y profundamente amada por Aquel que ya ganó la victoria por ti. Ahora es momento de caminar en esa verdad.

Principios bíblicos para vivir con valentía en la autoridad de Dios

1. **Renueva tu mente con la verdad:** Conocer quién eres en Cristo comienza con renovar tu mente cada día con la Palabra de Dios. **Romanos 12:2 (NVI)** nos recuerda: *"No se amolden al mundo actual, sino sean transformados mediante la renovación de su mente."* Reemplaza las mentiras que hayas creído por la verdad de lo que Dios dice de ti: que eres escogido, poderoso y libre.

2. **Declara tu autoridad en Cristo:** Jesús nos dio autoridad sobre todo poder del enemigo. **Lucas 10:19 (NVI)** dice: *"Les he dado autoridad para pisotear serpientes y escorpiones, y vencer todo el poder del enemigo; nada les podrá hacer daño."* Declara la Palabra de Dios sobre tu vida, rompe toda maldición y mantente firme en Sus promesas

3. **Rechaza el miedo y camina con valentía:** El miedo es una herramienta del enemigo, pero Dios nos ha dado un espíritu de poder, amor y dominio propio. **2 Timoteo 1:7 (NVI)** dice: *"Pues Dios no nos ha dado un espíritu de timidez, sino de poder, de amor y de dominio propio."* Cree esta verdad y camina con confianza, sabiendo que el poder de Dios vive en ti.

4. **Mantente firme frente a la opresión:** El enemigo no tiene derecho a oprimirte ni a mantenerte atado. **Santiago 4:7 (NVI)** nos dice: *"Así que sométanse a Dios. Resistan al diablo, y él huirá de ustedes."* Enfrenta cualquier carga o peso espiritual declarando libertad sobre tu vida en el nombre de Jesús.

5. **Recuerda que el poder de Dios es mayor:** No importa lo que venga en tu contra, el poder de Dios en ti es mayor que cualquier fuerza de este mundo. **Efesios 3:20 (NVI)** nos dice:

"Al que puede hacer muchísimo más que todo lo que podamos imaginarnos o pedir, por el poder que obra eficazmente en nosotros..." Confía en ese poder y camina con seguridad.

Como hijo de Dios, llevas dentro de ti un poder que es más grande que cualquier obstáculo, miedo o ataque del enemigo. Ese poder no es solo un concepto bonito: es una realidad, respaldada por la autoridad que tienes en Cristo. Cuando renuevas tu mente con Su Palabra, te mantienes firme en Sus promesas y declaras Su verdad sobre tu vida, te conviertes en una

Cuando renuevas tu mente con Su Palabra, te mantienes firme en Sus promesas y declaras Su verdad sobre tu vida, te conviertes en una persona imparable.

persona imparable. El mismo Espíritu que resucitó a Jesús vive en ti **(Romanos 8:11)**, capacitándote para vencer, mantenerte fuerte y vivir en libertad.

No te conformes con una vida de opresión, pesadez o temor. Dios ya te ha dado autoridad para caminar con valentía en el propósito que preparó para ti. Él está contigo, va delante de ti, y habita en ti. Toma esta verdad, hazla tuya, y vive cada día en la plenitud de Su amor, gozo y libertad. Eres más que vencedor, estás equipado para cada reto y eres imparable en Su fuerza. Camina con valentía y con autoridad—porque eres hijo del Rey.

Oración por Valentía y Autoridad

Señor, gracias por la autoridad que me has dado como Tu hijo. Ayúdame a renovar mi mente cada día con Tu verdad, a rechazar el miedo y a caminar con valentía en el poder que has puesto dentro de mí. Declaro que toda mentira y maldición dicha sobre mi vida queda rota, y me mantengo firme en la libertad que me has dado. Enséñame a verme como Tú me ves, y a creer que mayor es el que está en mí que cualquier cosa que pueda venir en mi contra. Gracias por Tu protección, Tu amor y Tu presencia constante. En el nombre de Jesús, Amén.

Capítulo Diez

ROMPIENDO EL CICLO – ENCONTRANDO UN CAMBIO DURADERO EN CRISTO

¿Te has dado cuenta de cómo ciertos patrones parecen pegarse a nosotros como si fueran parte de nuestra piel? Para muchos, la lucha con el dinero es uno de esos ciclos difíciles de romper. Ya sea la preocupación constante por pagar las cuentas, la sensación de que nunca alcanza o el esfuerzo interminable por "salir adelante", estos hábitos terminan alimentando una mentalidad de escasez. Pero hay buenas noticias: no tienes que vivir atrapado en ese ciclo para siempre. Dios nos da el poder de romperlo y vivir en verdadera abundancia—no la que se mide por el saldo bancario o las posesiones, sino la que se manifiesta en paz, propósito y provisión que solo Él puede dar.

La Biblia está llena de historias de personas que superaron sus aparentes limitaciones y vivieron plenamente en la abundancia de Dios. Una de mis favoritas es la historia de los israelitas en el desierto. Durante años, vivieron con una mentalidad de escasez, dudando de que Dios fuera a proveer. Cada vez que enfrentaban un obstáculo, se preguntaban si lograrían sobrevivir, a pesar de que Dios ya había abierto el Mar Rojo, los guiaba con una columna de fuego y les daba maná cada día. ¿Te suena familiar? Igual que ellos, nosotros también necesitamos romper con viejos patrones de duda y aprender a vivir confiando en la bondad de Dios.

Jesús nos enseñó claramente este principio en **Mateo 6:33 (NVI)**: *"Más bien, busquen primeramente el reino de Dios y su justicia,* *y todas estas cosas les serán añadidas".* Cuando ponemos a Dios como prioridad, Él se encarga de lo demás. Cuando dejamos de perseguir las cosas de este mundo y enfocamos nuestro corazón en Él, descubrimos que nuestras necesidades están cubiertas—muchas veces de formas que jamás imaginamos.

Si has estado esforzándote sin parar, sintiéndote atrapado en el corre-corre diario o comparando constantemente lo que tienes con lo que quisieras tener, quiero decirte algo: hay esperanza. No tienes que seguir viviendo en ese ciclo. Dios quiere liberarte de la mentalidad de escasez y llevarte a un lugar de verdadera abundancia—una que está enraizada en Su provisión y en Su propósito para tu vida.

La verdadera riqueza es despertar con el corazón en paz, sabiendo que eres profundamente amado, valioso y cuidado por tu Padre celestial. No se trata de logros materiales, sino de una vida llena de Su amor. Cuando confiamos en Dios como nuestro proveedor, dejamos atrás el temor de "no tener suficiente" y descubrimos una riqueza que va mucho más allá de lo que se puede comprar: una riqueza basada en Su gracia infinita, Su paz y Su propósito. Esta es la libertad que Dios quiere para ti, y puedes comenzar a vivirla desde hoy.

Mi Camino para Romper con la Mentalidad de Escasez

Creciendo, no teníamos mucho, pero nos teníamos los unos a los otros. Mi familia vivía en un barrio difícil, y de vez en cuando entraban a robar en nuestra casa. Se llevaban las cosas que mi papá había conseguido con tanto esfuerzo, y cada vez sentíamos que se nos iba un poco más esa sensación de seguridad. Agradecíamos la protección de Dios, pero la vida no era nada fácil. Vivíamos al día, a veces apenas alcanzaba. Mi papá trabajaba duro, pero siempre parecía que íbamos con lo justo. Una Nochebuena, teníamos planes para visitar a la familia en México, una tradición que adorábamos. Sin embargo, esa misma mañana, me despertó el fuerte golpeteo en la puerta principal, seguido por la luz de una linterna entrando por la ventana de mi cuarto. Mis hermanas y yo nos levantamos confundidas, solo para descubrir que un alguacil había llegado a embargar nuestro único vehículo por pagos atrasados.

Ese año no hubo carro, ni árbol de Navidad, ni comida en la nevera porque ya habíamos hecho planes para viajar. Fue un golpe duro, y recuerdo claramente ese vacío de sentir que "no teníamos suficiente". Con el tiempo, esa mentalidad de escasez se fue conmigo a la adultez. Yo pensaba que si tan solo tenía "más", entonces me sentiría segura y plena. No me daba cuenta de que había pasado toda mi vida laboral persiguiendo el dinero, no a Dios. Con el tiempo aprendí que esa creencia de que nunca hay suficiente es parte de una mentalidad de pobreza—una forma de pensar que nos atrapa en un ciclo de sentirnos siempre un paso atrás, esforzándonos sin parar, pero sin llegar a ningún lado.

Hoy en día, la idea de riqueza muchas veces se asocia con lo material: cuentas bancarias, autos, casas y ascensos. Pero la verdadera riqueza va mucho más allá de las posesiones. La Biblia dice en **1 Timoteo 6:10 (NVI)**: *"Porque el amor al dinero es la raíz de toda clase de males."* No es el dinero en sí el problema, sino **el amor al dinero**—la obsesión, esa necesidad de hacerlo el centro de todo—lo que nos atrapa. Cuando el dinero se convierte en nuestro amo, perdemos de vista las verdaderas bendiciones que Dios tiene para nosotros. En mi caminar con Cristo, llegué a entender que la verdadera riqueza no está en tener muchas cosas, sino en vivir en la abundancia de Dios. A medida que mi relación con Él fue creciendo,

> *Cuando el dinero se convierte en nuestro amo, perdemos de vista las verdaderas bendiciones que Dios tiene para nosotros.*

entendí que ninguna cantidad de dinero me podía dar la seguridad y el gozo que solo Él puede brindar. La Biblia está llena de historias que nos enseñan cómo se ve la verdadera riqueza. Piensa en el Rey Salomón, uno de los hombres más ricos de la historia. Él le pidió a Dios un corazón sabio para gobernar al pueblo con justicia. No pidió riquezas, y como su deseo estaba alineado con la voluntad de Dios, fue bendecido con una abundancia que superaba toda medida. Y aun así, al final, Salomón entendió que la riqueza por sí sola no le daba plenitud duradera. En **Eclesiastés 5:10 (NVI)** escribió: *"Quien ama el dinero, de dinero no se sacia. Quien ama las riquezas nunca tiene suficiente."*

Piensa también en Job, que lo perdió todo—bienes, familia y salud—pero se mantuvo fiel a Dios. Al final, Dios lo restauró y lo bendijo aún más que antes. La historia de Job es un recordatorio poderoso de que Dios es nuestro verdadero proveedor. Cuando nos aferramos a Él con fe, Él puede proveer mucho más allá de lo que imaginamos. Esa es la verdadera riqueza: vivir con un corazón rendido a Dios, sabiendo que Él es suficiente.

La verdadera riqueza, como dice Myron Golden (*uno de mis emprendedores cristianos favoritos*), no se trata de acumular dinero, sino de generar valor en la vida de los demás. La bendición de Dios no está diseñada solo para nosotros, sino para fluir a través de nosotros y bendecir a otros. Cuando vivimos con esta perspectiva, el dinero se convierte en una herramienta, no en el objetivo. La Biblia nos recuerda en **Mateo 6:24** que no podemos servir a Dios y al dinero. Cuando el dinero se convierte en un ídolo, terminamos sirviéndolo. Pero cuando servimos a Dios, el dinero pasa a ser solo un recurso para Su gloria.

Si estás leyendo esto y piensas: *"Esa soy yo—he estado persiguiendo el dinero, buscando seguridad, pero sigo sintiéndome vacía"*, quiero que sepas que Dios quiere liberarte de ese ciclo. La mentalidad de escasez no se trata solo de una falta de dinero; es una creencia que te dice que nunca será suficiente, que nunca vas a "llegar". Esa mentalidad nos impide caminar en la abundancia que Dios tiene para nosotros, nos frena de experimentar la libertad y el gozo que Él desea darnos. Además, nos roba el presente, porque vivimos enfocados en un futuro que tal vez nunca llegue. **Filipenses 4:19 (NVI)** dice: *"Así que mi Dios les proveerá de todo lo que necesiten, conforme a las gloriosas riquezas que tiene en Cristo Jesús."* La provisión de Dios no depende de cuánto nos esforcemos, sino de cuánto nos ama.

Llegó un punto en mi vida en el que tuve que empezar a renovar mi mente de forma intencional. Comencé a reemplazar los pensamientos de escasez y miedo con la verdad de la Palabra de Dios. Me di cuenta de que no tenía que correr tras el dinero para sentirme segura; Dios es mi fuente. Él estuvo conmigo en cada dificultad durante mi infancia, y me ha prometido que estará conmigo en cada paso del camino. Cuando rendí mis finanzas, mis temores y mi deseo de "más" ante Él, comenzó a transformar mi perspectiva. Aprendí a ver la riqueza como algo que va más allá de lo que poseemos o tenemos en el banco; la verdadera riqueza está en saber que Dios provee, en vivir con Su paz y Su gozo, y en usar lo que Él me ha dado para bendecir a otros.

Principios Bíblicos para Romper la Mentalidad de Escasez y Vivir en Abundancia

1. **Busca primero el Reino de Dios:** La verdadera riqueza se encuentra cuando ponemos a Dios en primer lugar, por encima de todo. **Mateo 6:33 (NVI)** dice: *"Busquen primeramente el reino de Dios y su justicia, y todas estas cosas les serán añadidas."* Cuando Dios ocupa el primer lugar en nuestra vida,

Él se encarga de suplir nuestras necesidades, enseñándonos que la verdadera seguridad está en Él.

2. **Renueva tu mente cada día:** Para romper con la mentalidad de escasez, es necesario cambiar nuestra forma de pensar. **Romanos 12:2 (NVI)** nos dice: *"No se amolden al mundo actual, sino sean transformados mediante la renovación de su mente."* Debemos reemplazar los pensamientos de escasez por las promesas de Dios, recordando siempre que Él es nuestra fuente.

3. **Confía en la provisión de Dios, no en las promesas del dinero:** Dios quiere que pongamos nuestra confianza en Él, no en las riquezas del mundo. **Filipenses 4:19 (NVI)** nos recuerda: *"Así que mi Dios les proveerá de todo lo que necesiten, conforme a las gloriosas riquezas que tiene en Cristo Jesús."* La verdadera riqueza es tener paz, sabiendo que Dios suplirá todo lo que necesitemos.

4. **Sé generoso con lo que tienes:** La riqueza real nace de un corazón generoso, entendiendo que lo que tenemos es un regalo para compartir. **Proverbios 11:25 (NVI)** dice: *"El que es generoso prospera; el que reanima será reanimado."* La abundancia crece cuando damos con libertad.

5. **Enfócate en aportar valor, no en perseguir el dinero:** Tal como enseña Myron Golden, cuando nuestro enfoque está en bendecir a otros, Dios se encarga del resto. **2 Corintios 9:8 (NVI)** nos anima: *"Y Dios puede hacer que toda gracia abunde para ustedes, de modo que siempre tengan todo lo necesario, y toda buena obra abunde en ustedes."* Esta es la

verdadera riqueza, y no se mide por lo que acumulamos, sino por el impacto que generamos en los demás.

Si has estado en esa carrera sin fin, esforzándote por tener más y sintiendo que nunca es suficiente, recuerda que Dios tiene un camino mejor para ti. La riqueza real no se trata de cuentas bancarias ni de títulos laborales, sino de paz, propósito y la certeza de que todo lo que necesitas ya está suplido en Cristo. Cuando soltamos la necesidad de controlar, de acumular y de correr detrás de lo material, abrimos espacio para recibir toda la abundancia de Dios.

Recuerda: la verdadera prueba de riqueza no está en cuánto tenemos, sino en cómo usamos lo que Dios nos ha confiado. Dios quiere liberarte de toda mentalidad de escasez y llevarte a una vida de abundancia real. No se trata de la idea del mundo de tener "más y más", sino de una vida de plenitud: suficiente paz, suficiente gozo, suficiente provisión y suficiente amor para compartir.

Eres amado, valorado y ricamente bendecido por el Dueño de todo. Vive con la libertad de saber que Él es tu fuente y tu proveedor. Cuando lo buscas primero, todo lo demás llega por añadidura.

Oración para Romper la Mentalidad de Escasez

Señor, gracias por ser mi proveedor y por enseñarme que la verdadera riqueza viene solo de Ti. Ayúdame a renovar mi mente cada día con Tu verdad, a liberarme de los pensamientos de escasez y a confiar plenamente en Tu provisión. Enséñame a vivir en verdadera abundancia, arraigada en Tu amor, y a usar lo que tengo para bendecir a otros. Que camine con confianza en Tus promesas, sabiendo que Tú eres más que suficiente para mí. En el nombre de Jesús, Amén.

Capítulo Once

DECISIONES CLARAS A TRAVÉS DE LA SABIDURÍA DE DIOS – ENCONTRANDO GUÍA EN MEDIO DE LA CONFUSIÓN

Seamos honestos: tomar decisiones no es fácil. Si a eso le sumamos un poco de miedo, algo de ansiedad y una pizca de confusión, tenemos la receta perfecta para el desastre. ¿Te ha pasado? Ese momento en el que sientes que tu corazón está siendo jalado en mil direcciones, y tu mente está llena de dudas. Es ahí cuando más queremos decidir rápido, solo para salir del paso. Pero aquí está el detalle: las decisiones tomadas desde el miedo o la incertidumbre casi siempre terminan en arrepentimiento. **1 Corintios 14:33 (RVR)** nos recuerda que *"Dios no es un Dios de confusión, sino de paz."* Su guía trae claridad, calma y certeza.

Cuando tomamos decisiones apresuradas sin buscar Su sabiduría, es como tratar de navegar un mar tormentoso sin brújula. Pero cuando esperamos en Él y descansamos en Su paz, Él nos da la claridad que necesitamos para avanzar con confianza. La Biblia está llena de ejemplos de personas que esperaron en Dios para recibir dirección... y también de quienes no lo hicieron. (Spoiler: a los que sí esperaron, les fue mucho mejor).

Un ejemplo bíblico: Salomón pide sabiduría

Cuando Salomón se convirtió en rey después de su padre David, se enfrentó a un desafío enorme. Era joven, sin experiencia, y de repente tenía que liderar a toda una nación. Habría sido muy fácil para él apoyarse en los consejos políticos de los ancianos, copiar las estrategias de otras naciones o confiar en su propia lógica limitada. Pero Salomón entendía que, para tomar decisiones sabias y claras, necesitaba algo más grande: la perspectiva de Dios.

En **1 Reyes 3**, Salomón tiene un momento clave. Dios se le aparece en un sueño y le dice: *"Pídeme lo que quieras"* **(1 Reyes 3:5 NVI)**. Imagina recibir una oferta así del mismísimo Creador del universo. Salomón pudo haber pedido riquezas, poder o la victoria sobre sus enemigos—cosas que, siendo rey, parecerían razonables. Pero en vez de eso, reconoció con humildad sus limitaciones y pidió la capacidad de gobernar con sabiduría: "Concede a tu siervo un corazón con entendimiento para gobernar a tu pueblo y para discernir entre el bien y el mal" **(1 Reyes 3:9 NVI)**.

A Dios le agradó tanto su petición, que no solo le concedió una sabiduría incomparable, sino también riquezas y honra. La sabiduría de Salomón se volvió legendaria, y gracias a ella pudo tomar decisiones que trajeron paz y prosperidad a su reino.

Uno de los momentos más famosos (y con un toque de drama) en la vida de Salomón fue cuando dos mujeres, ambas prostitutas, se presentaron ante él reclamando ser la madre de un mismo bebé. Imagina la escena: tensión, lágrimas, acusaciones cruzadas... y Salomón allí, pensando, *"¿En serio me tocó ser el árbitro de esto?"* Pero lejos de perder la calma, hizo lo que quizás fue la decisión más impactante que se haya tomado en una sala de juicio: *"Corten al niño en dos y denle una mitad a cada una"* **(1 Reyes 3:25 NVI)**. Obviamente, la verdadera madre no soportó la idea y renunció a su derecho con tal de salvar al bebé. La propuesta de Salomón no era un juicio final, sino una manera de revelar la verdad.

Esta historia no solo refleja la sabiduría de Salomón; también nos recuerda que la sabiduría de Dios tiene la capacidad de cortar de raíz hasta las situaciones más enredadas y cargadas de emoción. Así que la próxima vez que enfrentes una decisión que parezca imposible, recuerda a Salomón: a veces, todo lo que necesitas es sabiduría divina... y un poco de creatividad.

Mi Camino hacia la Venta de Nuestra Casa

Nunca voy a olvidar el día en que sentí ese susurro en el corazón: es hora de vender la casa. Pero déjame contarte bien cómo fue: no se trataba de cualquier casa. Era la casa. La casa donde habían crecido mis hijos, donde se formaron miles de recuerdos. Al principio lo ignoré, pensando: *"seguro esto es una idea mía sin sentido. Dios no me pediría que me deshaga de algo que Él mismo me regaló, ¿cierto?"*. Pero a lo largo del día, el pensamiento no se iba. Era persistente, me latía fuerte en el pecho hasta que empezó a mezclarse con confusión y miedo.

Le llevé esa decisión al Señor, pero si soy sincera, no estaba lista para escuchar Su respuesta. ¿Vender la casa? Eso ni siquiera estaba entre mis opciones. No es que estuviera demasiado apegada, era más bien la idea de soltar algo que yo sabía que Dios me había dado. ¿Cómo iba a considerar regalar una bendición que claramente había venido de Él? Me parecía imposible, y estuve dándole vueltas al asunto por casi una semana.

Hasta que, por fin, se lo conté a una amiga muy cercana, alguien a quien respeto profundamente y que tiene un fuerte don profético. Su respuesta me dejó sin palabras. Con una expresión de alivio me dijo: "Me alegra tanto que el Señor por fin te lo haya revelado. Desde hace tiempo veía que ibas a vender tu casa, pero no sabía cómo decírtelo." Sus palabras fueron como una ola de confirmación, y en ese momento, una paz inexplicable me envolvió por completo.

Ahí entendí que no se trataba de perder algo valioso, sino de entrar en una nueva etapa. Dios no me estaba quitando nada; me estaba preparando para lo que venía. Si tú estás enfrentando una decisión que te abruma o te confunde, anímate. A veces, lo que parece una pérdida es en realidad una invitación a algo mucho más grande de lo que puedes imaginar. Confía en Él, apóyate en Su paz y recuerda que Sus planes siempre son para tu bien **(Romanos 8:28)**.

> *A veces, lo que parece una pérdida es en realidad una invitación a algo mucho más grande de lo que puedes imaginar.*

Después de eso, volví a presentárselo al Señor, esta vez con un corazón dispuesto. Y entonces sentí una certeza total. Aunque el mercado de viviendas no estaba en su mejor momento, y aunque no sabía adónde nos mudaríamos ni cómo se iban a dar las cosas, avancé con fe. Dios incluso me mostró en una visión quién debía ser mi agente inmobiliaria. Y aquí viene la parte difícil... ¡no era mi hermana, que también es agente! Tomar esa decisión no fue fácil, pero sabía que debía obedecer y confiar en que Dios también cuidaría de ella.

Preparamos la casa, la pusimos en venta y, en tan solo 12 días, se vendió al contado. ¡Me quedé sin palabras! Incluso mi jardinero me comentó que había casas que él atendía que llevaban meses sin recibir una sola oferta. Supe en ese momento que solo Dios pudo haber orquestado todo eso.

Soltar para Hacer Espacio a lo Nuevo

Pero Dios aún no había terminado. Después de vender la casa, oré pidiéndole ayuda para empacar todo. No solo necesitaba fuerza emocional; necesitaba ayuda real y práctica. Fue entonces cuando lo escuché con claridad: *"No te vas a llevar nada."* Al principio, dudé. Me pregunté si lo había entendido mal. ¿Cómo que nada? Seguramente no se refería a todo. Pero esas palabras se quedaron firmes en mi corazón, y no podía ignorarlas.

Ese sábado, durante una venta de garaje que organizó el vecindario, empecé a vender nuestras cosas: muebles, cubiertos, y todo lo que había en el medio. A mitad del día, mi agente inmobiliaria me llamó. Me dijo: "La nueva dueña quiere comprarlo todo—los muebles, la vajilla, todo." Me quedé en shock. En ese instante, todo tuvo sentido. Dios no solo me había pedido que soltara la casa; me estaba ayudando a dejar atrás lo viejo para hacer espacio a lo nuevo.

Y no se trataba solo de vender cosas materiales—se trataba de confiar en Él por completo, incluso en esos detalles que ni siquiera había considerado. Me di cuenta de que ese era el paso final del proceso que Dios venía guiando desde hace tiempo, llevándome hacia la restauración. Su fidelidad estuvo presente en cada paso, recordándome que Él de verdad va delante de nosotros y abre caminos donde no los hay.

Si estás en un momento en el que sientes que Dios te está pidiendo soltar algo, escúchame bien: no se trata de pérdida. Se trata de preparación. Dios no está quitándote algo solo porque sí; está despejando el camino para lo que viene. Confía en Él en medio del proceso, incluso cuando no entiendas todo, porque Sus planes siempre son para tu bien y para Su gloria.

Principios Bíblicos para Tomar Decisiones con Paz

1. **Espera la paz de Dios:** Si una decisión se siente apresurada o nace del miedo, no viene de Dios. Su guía siempre llega acompañada de paz. **Filipenses 4:6-7 (NVI)** nos recuerda: *"No se inquieten por nada; más bien, en toda ocasión, con oración y ruego, presenten sus peticiones a Dios y denle gracias. Y la*

paz de Dios, que sobrepasa todo entendimiento, cuidará sus corazones y sus pensamientos en Cristo Jesús."

2. **Busca confirmación:** Muchas veces, Dios confirma Su voluntad a través de Su Palabra, de las circunstancias, o por medio de personas de confianza. Como hizo Gedeón, no temas pedirle claridad y confirmación.

3. **Obedece, incluso cuando cueste:** La obediencia a lo que Dios te pide puede implicar sacrificios, pero siempre trae bendición. **Isaías 1:19 (NVI)** dice: *"Si ustedes están dispuestos a obedecer, comerán lo mejor de la tierra."*

4. **Confía en que Dios ya tiene un plan:** Aunque no veas el panorama completo, Dios ya está un paso adelante. **Proverbios 3:5-6 (NVI)** nos anima: *"Confía en el SEÑOR de todo corazón, y no en tu propia inteligencia. Reconócelo en todos tus caminos, y él allanará tus sendas."*

5. **Suelta el miedo y la ansiedad:** El miedo nunca es un buen consejero. **2 Timoteo 1:7 (RVR60)** nos recuerda: *"Porque no nos ha dado Dios espíritu de cobardía, sino de poder, de amor y de dominio propio."*

Avanza con Confianza

La dirección de Dios no se presenta de forma caótica ni apresurada. Viene con paz, con claridad y con la certeza de que Él tiene el control. Si hoy estás frente a una decisión importante, haz una pausa. Búscalo, espera Su paz, y confía en que Él te mostrará el camino correcto. Como lo hizo con Salomón, como lo ha hecho conmigo y con tantos más, Dios también te guiará a ti con fidelidad.

Oración por Sabiduría en la Toma de Decisiones

Señor, gracias porque Tú eres un Dios de paz y no de confusión. Ayúdame a llevar cada decisión ante Ti, confiando en que me guiarás con claridad y sabiduría. Enséñame a esperar en Tu paz y a avanzar con fe, sabiendo que Tú vas delante de mí, abriendo camino. Gracias por Tu amor, Tu provisión y Tu fidelidad en cada área de mi vida. En el nombre de Jesús, Amén.

Capítulo Doce

UNA VISIÓN PARA EL MAÑANA – SIGUIENDO EL CAMINO QUE DIOS HA PREPARADO

¿Alguna vez has tenido un destello de algo más grande—algo que toca tu corazón y parece estar justo fuera de tu alcance? Así es cuando Dios planta una visión dentro de ti. No es solo un sueño pasajero o una idea suelta. Es un vistazo a Su propósito para tu vida, una invitación a entrar en algo mucho más grande que tú.

Pero aquí va algo importante sobre la visión: muchas veces llega antes de que nos sintamos listos. Nos reta, nos estira, y requiere fe para avanzar. Este capítulo no se trata de tener todas las respuestas— se trata de confiar en Aquel que sí las tiene. **Proverbios 16:9** nos recuerda: *"El corazón del hombre traza su rumbo, pero sus pasos los dirige el Señor."* Aunque el camino parezca incierto, Dios guía cada paso, entrelazando tu historia con algo mucho más grande de lo que puedes imaginar.

Vamos a explorar cómo abrazar la visión que Dios te ha dado, cómo atravesar las pruebas e incertidumbres que pueden acompañarla, y cómo mantenerte firme en Sus promesas durante todo el proceso. Ya sea que estés dando el primer paso hacia ese sueño o que sientas que llevas tiempo esperando, recuerda esto: la visión de Dios para tu vida vale la pena. Vamos a dar ese salto de fe juntos.

La Historia de José y su Camino Hacia el Destino

Si alguien supo lo que era perseverar en medio de las pruebas y mantenerse firme en una visión dada por Dios, fue José. Su historia, que se encuentra en los capítulos **37 al 50 de Génesis**, es una de las más inspiradoras sobre fe, resiliencia y confianza en el plan de Dios.

De joven, José recibió sueños de parte de Dios que anunciaban su futuro. En esos sueños, se veía en una posición de autoridad, con sus hermanos inclinándose ante él. Puede que se haya apresurado un poco al compartir esos sueños con su familia, pero la visión era clara: Dios tenía un gran propósito para su vida.

Lo que vino después, sin embargo, no se parecía en nada al cumplimiento de esa visión. Fue traicionado por sus hermanos, vendido como esclavo, falsamente acusado y encarcelado—la vida de José estuvo llena de pruebas una tras otra. Y aun así, José nunca soltó la visión que Dios le había dado. Se mantuvo fiel, confiando en que el mismo Dios que le dio el sueño también lo cumpliría.

La perseverancia de José finalmente dio fruto. Dios lo elevó al puesto de segundo al mando en Egipto, donde no solo salvó al país durante una gran hambruna, sino que también restauró la relación con su familia. Su historia nos recuerda que los planes de Dios suelen tomar tiempo para cumplirse, y que el camino hacia nuestro destino rara vez es fácil. Pero si perseveramos, confiando en Dios en cada paso, veremos Sus promesas cumplirse.

Mi Camino hacia el Mundo Empresarial

Este libro es mucho más que palabras en una página: es un paso de fe hacia el mundo empresarial para mí. Durante años, he recibido profecías una tras otra sobre ayudar a emprendedores a encontrar su rumbo, ofrecerles sabiduría y financiar a quienes están al borde de algo grande. Al principio, esos destellos de mi llamado parecían tan lejanos a mi realidad actual que no podía imaginar cómo podrían hacerse realidad. No tenía los recursos, ni la experiencia, ni siquiera sabía por dónde empezar en el terreno de los negocios. Pero esto es lo que he aprendido: la fe no se trata de tener todas las respuestas, sino de confiar en Aquel que sí las tiene.

Escribir este libro forma parte de esa confianza. Creo que es una herramienta que ayudará a muchos emprendedores a sacudirse la desesperanza, a ver más allá de sus circunstancias actuales y a caminar con valentía hacia el destino que Dios les ha entregado. No se trata solo de consejos prácticos; se trata de reavivar la creencia de que *"para Dios todo es posible"* **(Mateo 19:26)**.

Si yo pude dar este paso de fe—entrando en un terreno que apenas conozco, con nada más que esperanza y Sus promesas—tú también puedes. Ya sea que estés al borde de un sueño o en medio de la incertidumbre, quiero que sepas esto: Dios ya te ha equipado para el camino que tienes por delante. No te está pidiendo que lo tengas todo resuelto. Solo te está pidiendo que confíes en Él, que des el primer paso, y que creas que Él estará contigo en cada parte del proceso.

No tienes que esperar el momento perfecto, los recursos ideales ni una confianza inquebrantable. Empieza donde estás, con lo que tienes, y deja que Dios te guíe hacia la plenitud de Su plan. Si Él te llamó, también te capacitará. Y cuando sientas ganas de rendirte, recuerda: la fe es el puente entre donde estás y hacia donde Él quiere llevarte.

Este libro es un testimonio de esa fe, una declaración de esperanza para cada emprendedor, soñador y agente de cambio que está esperando dar el paso hacia su destino. Si yo pude hacerlo, tú también puedes. El momento de avanzar es ahora. El mundo está esperando lo que

Dios ha depositado dentro de ti. Da el paso, confía en el proceso, y observa cómo Dios transforma tu fe en algo extraordinario.

Principios Bíblicos para la Perseverancia y la Visión

1. **Confía en el tiempo de Dios:** José esperó años para ver cumplidos sus sueños, soportando pruebas que parecían contradecir completamente la visión. **Habacuc 2:3 (NVI)** nos recuerda: *"Pues la visión se realizará en el tiempo señalado; marcha hacia su cumplimiento, y no dejará de cumplirse. Aunque parezca tardar, espérala; porque sin falta vendrá.""*

2. **Declara con fe:** Al igual que José, debemos proclamar las promesas de Dios sobre nuestras vidas, incluso cuando parezcan imposibles. **Romanos 4:17 (NVI)** habla de Abraham y dice: "Delante de Dios, tal como está escrito: *'Te he confirmado como padre de muchas naciones'. Así que Abraham creyó en el Dios que da vida a los muertos, y llama las cosas que no son, como si ya existieran.*"

3. **Sé fiel en lo pequeño:** José fue fiel sirviendo en la casa de Potifar, en la prisión y en cada lugar donde Dios lo puso, preparándose para el llamado mayor que le esperaba. **Lucas 16:10 (NVI)** nos enseña: *"El que es honrado en lo poco también lo será en lo mucho."*.

4. **Mantén la mirada en el panorama general:** Tu propósito no se trata solo de ti, sino de las personas a quienes Dios quiere alcanzar a través de ti. **Gálatas 6:9 (NVI)** nos anima: *"No nos cansemos de hacer el bien, porque a su debido tiempo cosecharemos si no nos damos por vencidos."*

5. **Encuentra fortaleza en las promesas de Dios:** La perseverancia requiere fuerza, y esa fuerza proviene de las promesas de Dios.

Isaías 40:31 (NVI) declara: *"Pero los que confían en el Señor renovarán sus fuerzas; volarán como las águilas: correrán, y no se fatigarán; caminarán, y no se cansarán."*

El Poder de Conocer tu Propósito

Cuando sabes cuál es tu propósito, encuentras una razón para seguir adelante, incluso cuando el camino se pone difícil. La visión de José lo sostuvo en medio de la traición, la esclavitud y la prisión. Mi llamado al mundo empresarial me impulsa a prepararme,

> *Cuando sabes cuál es tu propósito, encuentras una razón para seguir adelante, incluso cuando el camino se pone difícil.*

aunque todavía no tenga todas las respuestas. Conocer tu propósito te permite avanzar en el plan de Dios con confianza y excelencia, sabiendo que Él te capacitará para todo lo que te ha llamado a hacer.

Tu propósito no es solo para ti; es para las vidas que estás llamado a tocar, los corazones que vas a inspirar y el cambio que Dios quiere traer al mundo a través de ti. Y aquí viene lo hermoso: Dios no te está pidiendo que lo hagas solo. Él está contigo en cada paso, guiándote, fortaleciéndote y preparando el camino delante de ti.

Caminando Hacia tu Destino

Si la historia de José nos enseña algo, es que los planes de Dios valen la espera. Tus circunstancias actuales quizá no se parezcan en nada a tu destino, pero no pierdas la fe. Sigue perseverando, sigue confiando y sigue declarando Sus promesas sobre tu vida. Tus pruebas no son el final de tu historia—son la preparación para lo que viene.

A medida que avances, recuerda esto: Dios es fiel. Él ya te ha dado todo lo que necesitas para cumplir tu propósito, y no te fallará. Camina con valentía, declara con fe y aférrate a la visión que Él te ha dado. Tu destino está por delante, y es más hermoso de lo que puedes imaginar.

Oración por Perseverancia y Visión

Padre, gracias por la visión que has depositado en mi corazón. Ayúdame a confiar en Tu tiempo, a perseverar en medio de las pruebas y a declarar Tus promesas cada día sobre mi vida. Dame la fuerza para caminar con valentía hacia mi destino, sabiendo que Tú eres fiel para cumplir cada palabra que has hablado. Enséñame a mirar más allá de mis circunstancias actuales y a abrazar el propósito al que me has llamado. Gracias por la esperanza, la guía y la gracia que me das en cada paso del camino. En el nombre de Jesús, Amén.

Conclusión

Lo Mejor Aún Está por Venir

Llegamos al final de este libro, pero estás lejos de haber llegado al final de tu camino. Si has llegado hasta aquí, primero déjame decirte: ¡eres increíble! Y segundo, quiero recordarte que esto es solo el comienzo de todo lo que Dios tiene preparado para ti.

Leíste las historias, absorbiste los principios y (con suerte) te reíste un poco y sentiste mucha esperanza en el proceso. Pero aquí va la verdad: nada de eso sirve si se queda solo en estas páginas. El verdadero "milagro" ocurre cuando decides levantarte, dar el paso y comenzar a caminar hacia la vida que Dios ha planeado para ti.

La Esperanza es tu Superpoder

La vida tiene su manera de derribarnos, ¿verdad? Pero hay algo que nunca cambia: la esperanza es lo que nos levanta de nuevo. No una esperanza frágil puesta en cosas pasajeras, sino una esperanza firme y segura en Aquel que lo creó todo. La verdadera esperanza no es un concepto cursi para sentirnos bien —es una convicción profunda de que, con Dios, lo mejor siempre está por venir. **Jeremías 29:11 (NVI)** nos lo recuerda: *"Porque yo sé muy bien los planes que tengo para ustedes —afirma el Señor—, planes de bienestar y no de calamidad, a fin de darles un futuro y una esperanza."*

Y esta no es una promesa solo para los días buenos, cuando todo va bien. Es una promesa para esos días en los que todo parece un caos, cuando sientes que no puedes con una cosa más. En esos momentos, recuerda que tu esperanza está en Dios —el mismo que tiene tu futuro en Sus manos. Él no ha terminado contigo. Así que deja que esta Escritura sea tu grito de guerra: sigue adelante, porque el Dios que te creó es fiel, y Sus planes para ti son buenos.

Avanza, Aunque no Sea Perfecto

Si estás esperando "tener todo en orden" para moverte hacia adelante, déjame detenerte ahí mismo. Nadie tiene todo en orden. Avanzar no se trata de perfección, sino de presentarte, confiar en Dios y dar el siguiente paso. Los pasos pequeños cuentan. Los pasos temblorosos también cuentan. ¡Y hasta arrastrarse vale si es donde estás hoy! Una vez un hombre muy sabio me dijo que el perfeccionismo espera el momento perfecto, mientras que la excelencia ¡lo crea!

Seamos realistas: a veces darás dos pasos hacia adelante y uno hacia atrás. Y está bien. Para eso fue hecha la gracia. Lo importante es que sigas avanzando, confiando en que Dios guiará tu camino, incluso cuando no puedas ver todo el panorama.

Ríe un Poco

¿Puedo decirte algo? Respira hondo. Sí, ahora mismo. Hazlo. La vida ya es bastante seria como para que tú mismo te pongas más presión. Aprende a reírte: de tus errores, de los desvíos inesperados y, a veces, de lo ridículas que pueden ponerse las cosas. Créeme, Dios tiene sentido del humor—solo mira cómo usa a personas imperfectas para hacer cosas extraordinarias.

La Esperanza que Llevas Dentro

Quiero que al cerrar este libro recuerdes algo: la esperanza que llevas dentro no es solo para ti. Es para los que te rodean—tu familia, tus amigos, y hasta esos desconocidos que necesitan un poco de luz en medio de su oscuridad. No tienes que ser perfecto para compartirla; solo tienes que estar dispuesto.

Dios ha puesto un propósito único sobre tu vida, uno que solo tú puedes cumplir. Así que cuando sientas que el peso del mundo está sobre tus hombros, acuérdate: no lo estás cargando solo. Dios está contigo, y Él es más que suficiente.

Una Oración para tu Próximo Paso

Señor, gracias por el camino que hemos recorrido juntos en estas páginas. Oro por quien está leyendo esto ahora, para que sienta Tu presencia y conozca Tu paz. Fortalece su corazón, renueva su esperanza y recuérdale el hermoso propósito que has puesto en su vida. Que camine con valentía hacia el futuro que Tú has preparado, confiando en que lo mejor siempre está por venir. Amén.

Así que, mi amigo(a), aquí es donde me despido, pero no es el final de la historia. Es el comienzo de tu próximo capítulo. Ya tienes todo lo que necesitas para avanzar: un Dios que te ama, una esperanza que te sostiene y una historia que aún se está escribiendo. Ahora ve, vive con valentía, ama con intensidad y nunca dejes de creer que con Dios, todo es posible.

Y no lo olvides: sigue riéndote en el camino. La vida es mejor así.

Hasta que volvamos a encontrarnos,

Maria

Acerca de la Autora

María Watkins es una fiel seguidora de Jesús cuya vida ha sido transformada por completo durante los últimos ocho años de caminar con Él. Como madre amorosa de dos jóvenes hombres guiados por Dios, encuentra su mayor alegría en acompañarlos en su crecimiento espiritual y alentarlos a vivir con valentía en su fe y en los propósitos que Dios les ha dado.

Su formación académica refleja su compromiso con la excelencia y el aprendizaje continuo. Tiene una licenciatura en Ingeniería Informática, un título técnico en Diseño y Rediseño, y también se graduó del Instituto Bíblico con énfasis en Administración Financiera. Además, completó con honores su formación en la Universidad RIG en los programas Profético y Apostólico, fortaleciendo su comprensión de los principios del Reino y su compromiso de servir a otros conforme a su llamado.

Con un corazón dispuesto a empoderar, María siente una profunda pasión por ayudar a familias—en especial a mujeres solteras y sus hijos—a abrazar su destino divino. A través de su sabiduría, ánimo constante y fe inquebrantable, busca inspirar a otros a vivir con valentía en su propósito y a caminar plenamente en las promesas de Dios. Su vida es un testimonio de resiliencia, fe y una profunda entrega para ver a otros florecer en todo lo que Dios ha planeado para ellos.

www.ingramcontent.com/pod-product-compliance
Lightning Source LLC
Chambersburg PA
CBHW071338130626
46556CB00004B/1941